Nina Horaczek, Barbara Tóth
Sebastian Kurz

Inhalt

7   Prolog

13   Kapitel 1 – Macht

39   Kapitel 2 – Familie

51   Kapitel 3 – Freiheit

65   Kapitel 4 – Leistung

85   Kapitel 5 – Sicherheit

103   Kapitel 6 – Veränderung

121   Epilog

126   Danksagung

127   Personenregister

Prolog

Wenn es ein einziges Wort gibt, das Sebastian Kurz beschreibt, dann das: Kontrolle. Kurz ist die personifizierte Selbstkontrolle. Wenn er auftritt, ist nichts dem Zufall überlassen. Seine Sätze sind wie gestanzt, er spricht nahezu druckreif. Die Fotos und Videos, die er von sich in die Welt schickt, lässt er am liebsten von seinen eigenen Medienleuten gestalten. Die Frisur sitzt, das Gesicht ist perfekt mattiert. Sein persönliches Team, seit Jahren dasselbe, besteht aus einer Handvoll Jugendfreunde und steuert alles, was politisch rund um ihn passiert. Er hat das Team im Griff, das Team hält ihm die Partei im Griff.

Auch sein Lebenslauf entspricht dem Erwartbaren. Kein Bruch, kein Umweg stört den Karriereweg dieses österreichischen Wunderkindes der konservativen Politik – von seinem nicht abgeschlossenen Studium abgesehen, aber selbst das lässt sich rechtfertigen. Wer wird schon mit 24 Jahren Staatssekretär, mit 27 Außenminister, mit 31 Chef einer Partei, Wahlsieger und bald Kanzler? Kurz schaffte es als »Wunderkind« in die internationalen Schlagzeilen und wurde in einem Atemzug mit Politikern wie dem französischen Präsidenten Emmanuel Macron oder dem kanadischen Premier Justin Trudeau genannt. Er ist ein Star deutscher Talk-Shows, auch, weil er den deutschen Konservativen, vor allem jenen, die mit dem Kurs der deutschen Kanzlerin Angela Merkel unzufrieden sind, als Rollenvorbild dient.

Sein Weg an die Spitze des Staates zählt zu den am besten vorbereiteten und professionellsten Machtübernahmen in der Geschichte der österreichischen Nachkriegszeit. Kein Widerspruch, kein Gegenkandidat, ein durchkomponierter Wahlkampf wie aus dem Handbuch der Kampagnengurus.

Und auch sein Privatleben. Das wenige, was Sebastian Kurz im Nationalratswahlkampf 2017 über sich und seine Familie preisgab, zeigt ihn als Durchschnittsmenschen ohne Allüren und Eitelkeiten. Sportler, Tierliebhaber, Langzeitfreundin, Eltern aus dem städtischen Mittelstand, Großeltern vom Land. Kurz gelang es sogar, beim berühmten persönlichen Fragebogen des französischen Schriftstellers Marcel Proust Antworten zu geben, die alles und nichts aussagten. Wo möchten Sie leben? »Da, wo ich jetzt lebe, fühle ich mich am wohlsten.« Welche Eigenschaften schätzen Sie bei einer Frau am meisten? »Humor, Charme, Intelligenz.« Und bei einem Mann? »Humor, Charme, Intelligenz«. Ihre Lieblingstugend? »Fleiß«. Wer oder was hätten Sie gern sein mögen? »Ich mag ich sein!« Der einzige Sinn und Zweck dieser Kunstfigur, die die öffentliche Privatperson Kurz darstellen soll, ist, dass sich in ihr jede und jeder ein wenig wiederfinden soll. Und auch diese Kunstfigur wird bis ins letzte Detail von Kurz und seinem Team kontrolliert.

Dieses Buch ist ein Projekt, das Sebastian Kurz weder vorhersehen noch planen noch kontrollieren konnte. Es entstand im Laufe des Nationalratswahlkampfes 2017 mit seinem Wissen, aber ohne seine Unterstützung. Mehrere Anfragen um einen Gesprächstermin mit ihm blieben ohne Ergebnis. Allerdings stimmte Kurz schließlich zu, dass sein Büro Fragen zu seiner Person beantwortet.

Dieses Buch ist weder eine Jubelbiografie noch eine Abrechnung, sondern eine gründliche Rekonstruktion seiner bisherigen Laufbahn sowie ein politisches Porträt. Es nähert sich dem Phänomen Kurz entlang einer biografischen Achse von sechs Perspektiven. Sie lauten Macht, Familie, Freiheit, Leistung, Sicherheit und Veränderung.

Diese sechs Perspektiven – aufgezeichnet in sechs Kapiteln – ergeben eine Art persönliches, politisches Programm von Sebastian Kurz, und das ist kein Zufall. Kurz ist ein Politiker, der mehr aus sich heraus agiert, aus seinem persönlichen Empfinden und seiner – in Jahren vielleicht geringen, aber trotzdem intensiven und dichten – Lebenserfahrung, als dass er sich von Traditionen und Ideologien leiten lässt. Er ist ein Produkt seiner Generation, aufgewachsen im Allerlei der Post-Ära. Post-Demokratie, Post-Ideologie, Post-Populismus. Das Einzige, worauf sich Menschen seiner Prägung zu verlassen glauben können, ist ihr selbstbestimmtes und selbstoptimiertes Ich.

Das macht die Faszination Kurz aus. Und das macht ihn zu einem so wandlungsfähigen wie gleichzeitig unberechenbaren Politiker. Mehr als einmal hat er in seiner rasanten Karriere schon bewiesen, dass er das Genre wechseln und sich neu erfinden kann.

Aus Kurz dem I., dem frechen, bürgerlich-provokativen Jungpolitiker, den er in seiner Zeit als Chef der Jungen ÖVP, der Jugendorganisation seiner Partei, gab, wurde Kurz, der II. Ein ernsthaftes Regierungsmitglied, das das sensible Thema Integration souverän managte und endlich von einem Hetz- zu einem Sachthema machte.

Mit der großen Fluchtbewegung aus dem Nahen Osten im Jahr 2015 kam die Wende. Aus Everybody's Darling Kurz wurde Kurz, der III. Ein Prinz Eisenherz, der Sicherheitsminister, der sich zur Gallionsfigur der Anti-»Wir schaffen das«- und -»Willkommenskultur«-Bewegung aufschwang und früh vor der Überforderung der Aufnahmegesellschaft warnte. Ausländer, auch jene, die schon lange im Land lebten und die er noch zwei Jahre zuvor zu Leistungsträgern der Gesellschaft machen wollte, waren für ihn jetzt ein Problem. Er sah hinter ihnen die islamistische Gefahr oder eine Gefahr für das österreichische Sozialsystem.

Kaum hatte er im Jahr 2017 handstreichartig die ÖVP übernommen, tauchte Kurz der IV. auf. Eine messiasartige Erscheinung, die sich mit dem Slogan »Zeit für Neues« als Führer einer neokonservativen Volksbewegung für Veränderung im Land inszenierte. Ganz so, als käme er von ganz woanders, von außerhalb des politischen Systems. Kurz der V., der Regierungschef und angehende Kanzler, zeichnete sich bei seinem ersten Auftritt im neuen Parlament am 9. November 2017 ab. Ausnahmsweise mit Krawatte, sprach der ÖVP-Chef, der im Außenministerium mit seinen Diplomaten per Du ist, die versammelten Abgeordneten betont locker abwechselnd mit »Euch« und »Ihnen« an und bemühte sich um einen unprätentiösen, kameradschaftlichen Ton.

Kurz versteht es meisterhaft, sich und seine jeweils aktuelle, sinnstiftende Erzählung zu inszenieren und zu verkaufen. Er ist ein blendender Kommunikator und Stratege, ein Meister des Effekts. Die Mühen der Umsetzung überließ er, zumindest in der Vergangenheit, lieber anderen. Seine Lieblingsrolle ist die des Coaches und Motivators, nicht des Umsetzers. Wenn es ins Detail geht oder kompliziert wird, ist er schon wieder dahin, beim nächsten großen Wurf. Alles, was ihm und seinem bis zuletzt makellosen Image schaden würde, muss weggedrückt oder weitergereicht werden.

Wiewohl sich Kurz als Nicht-Politiker der Öffentlichkeit andient, ist er das typische Produkt parteiischer, österreichischer Elitenbildung. Er durchlief fast alle Förderprogramme, die die ÖVP ihrem Nachwuchs anzubieten hat, und bastelte früh an seinem Karrierenetzwerk. Dabei lernte er auch, zu täuschen, zu tarnen und durchzustechen. Der Machtpolitiker Kurz ist einer, den man sich als Gegner nicht aussuchen will.

Für dieses Buch gaben Dutzende Weggefährten, Freunde, Kritiker, politische Mitbewerber und Experten Auskunft. Manche sagten zuerst zu, dann wieder ab, nicht wenige von ihnen baten um Anonymität. Als diese Zeilen Ende November 2017 geschrieben wurden, war Kurz noch im Höhenflug. Kritik an ihm hätte wie Wehleidigkeit oder Neid des Verlierers ausgesehen. Der Teflon-Effekt, der in unbeschadet durch das Jahr 2017 getragen hat, wirkt immer noch nach. Und wer will es sich schon mit dem zukünftigen Machthaber verscherzen, der noch dazu bekannt dafür ist, von ihm unautorisierte Wortmeldungen so gar nicht leiden zu können?

Das ist das Berückende an Sebastian Kurz und dem Thema Kontrolle. Sie verselbständigt sich, alles richtet sich wie von selbst nach ihm aus. In der Soziologie wird diese Herrschaft des individualisierten, selbstoptimierten, kontrollierten Ichs als das prägende Momentum des Neoliberalismus beschrieben. Es funktioniert so klaglos, weil jeder Einzelne mithilft, es zu erhalten. Als Dank gibt es größtmögliche individuelle Freiheit. Der Preis ist die Entsolidarisierung.

Was wird Sebastian Kurz als Kanzler für Österreich bedeuten? Eine endgültige Abkehr von der sozialpartnerschaftlichen, wohlfahrtsstaatlichen, konsensorienteren Zweiten Republik? Eine Wiederaufnahme der politischen Projekte aus der Zeit der Wendejahre unter dem konservativen Kanzler Wolfgang Schüssel, der mit der FPÖ fünf Jahre lang regierte? Wird das von ihm geführte Österreich in Europa näher an die europaskeptischen Visegrád-Staaten rücken als an die an mehr europäischer Integration interessierten Kerneuropa-Länder?

Kurz war in den vergangenen Monaten Projektionsfläche für viele Wünsche und Hoffnungen. Er hat den diffusen »es muss sich etwas ändern«- und »so kann es nicht weitergehen«-Gefühlen in der Bevölkerung ein juveniles, nahezu geschlechtslos schönes Gesicht gegeben.

Kurz fasziniert, Kurz polarisiert, Kurz begeistert. Nur in einem sind sich Kritiker wie Anhänger einig: Die Erwartungen an ihn sind derart hoch, sie können gar nicht erfüllt werden.

Kapitel 1

Macht

Der Kursalon Hübner im Wiener Stadtpark ist eine Institution. Prächtig thront er im Stil der italienischen Renaissance neben der Ringstraße, angelehnt an die Vorbilder aus der Hand des berühmten italienischen Baumeisters Andrea Palladio. Hier feiert Wiens bessere Gesellschaft ihre Hochzeiten und Geburtstage, hier werden Touristenbusse zu klassischen Konzerten herangekarrt, und hier, in diesem ein wenig altmodischen, fast schon monarchistischen Ambiente feierte die ÖVP am 15. Oktober 2017 ihren Wahlsieger Sebastian Kurz.

Kurz, das »Wunderkind der österreichischen Politik« (*Washington Post*), die politische Inkarnation Mozarts (»Polit-Mozart« nannte ihn die *Bild*-Zeitung), der Mann, der den Siegeszug der Freiheitlichen bremste, der neue Hoffnungsträger konservativer Parteien. So überschwänglich und schmeichelhaft kommentierten internationale Medien den Wahlsieg. Tatsächlich war es Kurz gelungen, die FPÖ auf den dritten Platz zu verweisen, mit einem Wahlkampf, der ein Start-Ziel-Sieg war. Nahezu fehlerfrei, durchkomponiert, nach amerikanischem Vorbild als Bürgerbewegung inszeniert. Erst nach und nach sickerte durch, was der Preis dieses Sieges für das Land sein könnte: ein Ruck nach ganz rechts. »Österreich biegt nach rechts ab«, titelte die *Hamburger Morgenpost*. Denn Kurz hatte FPÖ-Chef Heinz-Christian Strache mit dessen eigenen Waffen geschlagen. Er hatte sich als freundlicherer Rechtspopulist positioniert, die ausländerfeindliche Stimmung im Land geschickt aufgegriffen und damit viele FPÖ-Wähler, aber auch solche, die beim letzten Mal Protestparteien wie das Team Stronach oder die FPÖ-Abspaltung BZÖ gewählt hatten, für sich gewonnen. Kurz, ein Strache light?

Diesen Vorwurf wollte am Wahlabend niemand hören, im pompösen Hauptsaal des Kursalons Hübner. Es ging vor allem ums Feiern des Wahlsiegers und seiner »neuen« Partei. Es war eine Fête turquoise, ein türkises Fest. Nicht nur die Jubelschilder waren in der neuen Parteifarbe gehalten. Auch die Wahlkampfhelfer und Wahlkampfhelferinnen trugen ihre türkisen Kampagnen-Shirts. Manche hatten sich türkise Sonnenbrillen ins Haar gesteckt. Eine Dame hatte sogar türkisen Nagellack aufgetragen, wie der Conférencier des Abends, die Stimme der Kurz-Bewegung, Peter L. Eppinger, Österreichern als früherer Morgenmoderator des Radiosenders Ö3 wohlvertraut, mit der berufstypischen Mischung aus Heiterkeit und Spott von der Bühne herab betonte. »Applaus für türkisen Nagellack! Wie originell! Wir alle warten auf ihn, auf Sebastian Kurz, unseren Sieger, er ist schon vor dem Kursalon, sein Wahlkampftourbus ist eben angekommen, in wenigen Minuten wird er hier bei uns sein, um mit uns zu feiern …« Eppinger versteht es, Wartezeiten zu überbrücken. Es war kurz nach zehn Uhr abends, die Menge harrte seit drei Stunden ihres Helden.

So jung und beseelt wie an diesem Abend war die ÖVP schon lange nicht mehr gewesen. Schulter an Schulter drängten sich die jungen Wahlkampfhelfer von Kurz aneinander, jeder von ihnen optisch angelehnt an ihr Vorbild mit gepflegter Haarpracht, weißen, krawattenlosen Hemden und schmalen Anzügen in allen Schattierungen zwischen Granitgrau und Nachtblau. Der Gruß des Abends unter den Herren war nicht der förmliche Handschlag, sondern das kraftvolle Einschlagen, ganz so, wie es Sportler machen, die »Gimme Five« sagen – und ein beherztes Schulterklopfen.

Der Triumphzug wurde zum Albtraum für Kurz' Sicherheitsleute. Begleitet von seiner Freundin Susanne, musste sich der Wahlsieger durch die Massen kämpfen. Millimeter um Millimeter rückte er vor. Hände wollten geschüttelt, Selfies gemacht, Wangen geküsst werden. Der Pulk an Kameraleuten schob sich mit ihm mit. Später würden deutsche Kollegen im Pressezentrum darüber rätseln, wie so etwas in einer ansonsten perfekt inszenierten Kampagne hat passieren können. Undenkbar wäre es in Deutschland, einen Kandidaten so zu gefährden.

Falls Kurz die Situation gestresst hatte, ließ er es sich nicht anmerken. Wie immer, wenn der Druck steigt. »Genau in besonders stressigen Momenten, in denen andere im Büro nervös, laut oder gar hysterisch werden, wird der Chef immer ganz besonders ruhig«, erzählt einer seiner Mitarbeiter. Nur seine Freundin wirkt angespannt. Kurz eilte auf die Bühne und bedankte sich zuerst einmal. Bei seinem Team, bei den Wahlkampfhelfern, bei seinen Eltern, seiner Freundin. Wer eine programmatische Ansage erwartet hatte, wurde enttäuscht. Nein, Kurz hielt keine spontane Rede, wie und mit wem er nun Österreich verändern würde. Kurz sprach nur davon, dass das ein Tag des Dankes, des Feierns und auch der Demut sei. Nur kein Übermut, nur keine Euphorie, warnte er.

Dafür, dass das sein Abend war, der Moment, dem er in den vergangenen Wochen des Wahlkampfes alles untergeordnet hatte, wirkte Kurz noch nüchterner und kontrollierter als sonst. Wissend, dass der Wahlsieg nur die erste Etappe einer sehr viel längeren Reise ist, und längst nicht die schwierigste. Hohe Erwartungen lasten auf ihm.

Erst zwei Mal in der Geschichte der Zweiten Republik hatte sich die ÖVP aus der Umarmung der Großen Koalition lösen können. Regierungen zwischen den Sozialdemokraten und den Christlich-Sozialen stellten den politischen Normalfall im Nachkriegs-Österreich dar. Die Große Koalition war berechenbar, pragmatisch, aber bei keiner der beiden Parteien wirklich beliebt. In den ersten Jahrzehnten schweißte die mahnende Erinnerung an den Bürgerkrieg zwischen den beiden Weltkriegen die einst verfeindeten Großparteien zusammen. Nie mehr wieder dürften einander Linke und Rechte mit Waffen in der Hand auf der Straße gegenüberstehen, deswegen sei die erzwungene Kooperation notwendig und Staatsräson. In den 1960er-Jahren kam der erste Bruch. ÖVP-Chef Josef Klaus konnte von 1966 bis 1970 eine Alleinregierung bilden, in der Erinnerung der Altvordern der Partei eine Zeit des sozialen Aufbruchs und der bürgerlichen Selbstfindung. Aber Österreichs sozialdemokratischer Kanzler Bruno Kreisky durchkreuzte im Jahr 1970 Klaus' Erfolgsprojekt, wagte eine von den Freiheitlichen gestützte Minderheitsregierung, ging ein Jahr später in Neuwahlen und erreichte die absolute Mehrheit. Diese konnte er bis ins Jahr 1983 halten.

Aus Sicht der Linken waren das Österreichs bislang fruchtbarsten Jahre. Aus Sicht der Konservativen die Furchtbarsten. Kreiskys Sozialreformen, die Bildungsreformen, die die Hochschule für Arbeiter öffneten, und die staatliche, von John Keynes inspirierte Wirtschaftspolitik sind unter Konservativen bis heute als Ära des Schuldenmachens und der ideologischen Bevormundung abgespeichert. Trotzdem musste die ÖVP ab 1986 bis 1999 als Juniorpartner der Sozialdemokraten in der Großen Koalition ausharren.

Erst Wolfgang Schüssel gelang es, ein zweites Mal aus der Großen Koalitions-Umklammerung auszubrechen. Obwohl der ÖVP-Chef bei der Nationalratswahl 1999 um wenige hundert Stimmen knapp hinter der FPÖ auf dem dritten Platz landete, ließ er sich von dieser zum Kanzler wählen. Der »Wendekanzler« war geboren, und unter der »Wende« verstehen die Bürgerlichen bis heute ihre späte Antwort auf die roten Kreiskyjahre. Privatisierung, Eigenverantwortung, Neoliberalismus statt Staatsinterventionismus, dazu eine klare Abkehr von Sozialpartnerschaft und Wohlfahrtsstaat. Doch das Wende-Experiment war nach sechs Jahren schon wieder vorbei. Ein schwerer Schlag für die gerade erst wieder selbstbewusst gewordene ÖVP. Elf quälende Jahre und vier gescheiterte ÖVP-Parteichefs – Wilhelm Molterer, Josef Pröll, Michael Spindelegger und Reinhold Mitterlehner – brauchte es, um das Wahlergebnis aus dem Jahr 2006 endlich zu korrigieren. Das ist die lange Vorgeschichte, die nötig ist, um zu verstehen, welche Bedeutung Kurz' Sieg am 15. Oktober 2017 für Österreichs Bürgerliche hatte. Das Gedächtnis der ÖVP ist eben lang. Sie hat viele Jahre darauf hoffen müssen, wieder den Kanzler stellen zu können. Aber das alleine konnte erst der Anfang sein. Es ging nun darum, »zu vollenden, was wir unter Schwarz-Blau in den Nullerjahren nicht mehr geschafft haben«, formulierte es einer der Altvorderen am Wahlabend ein wenig wehmütig. Mit seiner furiosen Parteiübernahme und seinem perfekt inszenierten Wahlkampf hatte Kurz so gesehen also sein Gesellenstück geliefert. Das Meisterstück sollte sein, die Wende fortzuführen und zu krönen.

Wer verstehen will, wie Kurz als Machtpolitiker funktioniert, sollte einen genaueren Blick auf sein Gesellenstück werfen: jene fünf Monate, die zwischen seinem Antritt als 17. Parteiobmann der ÖVP und dem siegreichen Wahlabend liegen. Es waren fünf Monate, die in einer Art und Weise durchkomponiert waren, dass es im Rückblick fast schon beunruhigend wirkt. Vor allem, da Kurz die Machtübernahme der Volkspartei und den daraus resultierenden Wahlkampf tatsächlich mit allen Details lange zuvor minutiös geplant hatte. Zum einen aus Vorsicht, um vorbereitet zu sein, falls SPÖ-Chef Christian Kern vorzeitige Neuwahlen ausrufen sollte. Zum anderen aus reiner Gewohnheit. Voraussicht und Kontrolle gehen schließlich im Team Kurz über alles.

Die ÖVP ist eine notorisch uneinige und widersprüchliche »Matrix«-Organisation. So nennt man in der Wirtschaftswelt Unternehmen, die nicht nur eine Führungsebene und Befehlshierarchie haben, sondern ein ganzes Geflecht davon. Kurz färbte die in Ländergruppen und Bünden zersplitterte Partei in eine einzige türkise Bürgerbewegung um, mit ihm als strahlendem Anführer. Kein einziger Zwischenton, kein Widerspruch, keine parteiinterne Streiterei trübte das Bild. Geschickt setzte sich Kurz als Mann der starken Hand in Szene, der seine Partei gebändigt und damit Managerqualitäten gezeigt hatte. Seht her, ich kann diese bunte und zänkische Truppe führen, also kann ich auch das Land regieren, lautete die Botschaft.

Was Kurz nicht dazuerzählte, war, dass der ÖVP auch gar nichts anderes übriggeblieben war, als sich hinter ihm zu versammeln. Was er als Probe seines politischen Könnens und seiner Macht darstellt, war in Wahrheit purer Pragmatismus und überlebensnotwendig für die ÖVP. Es war ihre letzte Chance. Ohne Kurz wäre sie spätestens bei regulären Wahlen im Jahr 2018 unter die psychologisch wichtige Zwanzig-Prozent-Grenze und damit in die politische Belanglosigkeit gefallen, nur mehr ein Schatten der einstigen, stolzen Volkspartei.

Wie immer, wenn Kurz entscheidende Momente zu meistern hat, überließ er nichts dem Zufall. So war es auch am 14. Mai 2017, einem frischen Frühsommertag. Der entscheidende ÖVP-Parteivorstand war in der Parteiakademie unweit von Kurz' Wohnung in Wien-Meidling zusammengetreten, um Kurz zum neuen Obmann zu wählen. Das Medieninteresse war enorm, aber die Journalistinnen und Journalisten mussten vor der Einfahrt in den Park des Springer-Schlössls, des Sitzes der ÖVP-Parteiakademie, warten. Kurz kam zu Fuß, begleitet von seinen beiden Vertrauten, Salzburgs Landeshauptmann Wilfried Haslauer und Elisabeth Köstinger, damals noch EU-Abgeordnete. Er trug sein Standard-Politikerkostüm. Dunkelblauer Anzug, weißes Hemd, ohne Krawatte, makellos mattierter Teint. Als er kurz vor 16 Uhr losmarschierte, filmte sein persönlicher Kameramann seine Schritte von hinten. Sein Leibfotograf lief voraus und fing die Szene von vorn ein. Kurzer Halt, Klick, danke, jetzt bitte weitergehen.

Mit diesen Bildern sollte Kurz später auf all seinen Kanälen seine Version der Ereignisse der vergangenen Woche erzählen. Es war die Geschichte einer Partei, die sich einem neuen, jungen, unverbrauchten Messias dankbar vor die Füße wirft, erlöst von ihren alten Lasten, den verstaubten Strukturen aus Bünden und Ländern, befreit von den Kompromissen in der ungeliebten Großen Koalition. Sie sollte dann im Spätsommer in der größten und pompösen Wahlkampfschlussveranstaltung, die Österreich je gesehen hatte, ihren Höhepunkt finden. 10 000 Anhänger versammelte Kurz Ende September in der Wiener Stadthalle zu einer Art politischen Massenmesse, die in ihrer Inszenierung an US-Wahlkampfveranstaltungen wie zuletzt jene von Donald Trump erinnert.

Die Intrigen, die Demütigungen und die Scharmützel im Kampf um die Macht kamen in Kurz' Erzählung natürlich nicht vor. Sie waren zu schmutzig, zu uncharmant und passen so gar nicht in das Wunschbild des Neuen, der Politik plötzlich ganz »anders« machen wollte, sich als Mann der »Klarheit« verkaufte, einen »neuen Stil« predigte und nur ja nicht als das wahrgenommen werden wollte, was er auch war: Kaderprodukt, Berufspolitiker, seit fast seinem halben Leben im politischen Geschäft. Kurz schaffte es, sich als politischer Quereinsteiger zu inszenieren, und das obwohl er die Bundesorganisation der Jungen ÖVP leitet seit er 22 Jahre alt ist, mit 24 Jahren Staatssekretär wurde, mit 27 Jahren Außenminister und mit 29 Jahren zusätzlich noch Präsident die ÖVP-Parteiakademie. Damit hat er mehr als eine Generation des Parteinachwuchses geprägt und ist in alle Linien der hochkomplexen ÖVP-Matrix vernetzt.

Seine Machtübernahme als 17. Obmann der ÖVP inszenierte Kurz bewusst nicht als konsensuale Staffelübergabe, sondern als eine Art feindliche Übernahme, ganz so, als wäre er eine politische Heuschrecke. Geschickt steigerte er von Tag zu Tag die Spannung. So sicherte er sich tägliche Schlagzeilen als der, der agiert und den Takt vorgibt.

Den Auftakt machte er just an dem Abend, als Emmanuel Macron und dessen neue Bewegung »En marche« in Frankreich die Wahlen gewann. Am 7. Mai 2017 war Kurz in der

»Zeit im Bild 2« zugeschaltet und richtete im Interview mit Armin Wolf seiner Partei forsch aus: »Wenn sich etablierte Parteien nicht verändern, dann werden sie abgestraft. Das war in Österreich so, das war in Frankreich jetzt so und das wird bei anderen Wahlen ähnlich stattfinden.« Jetzt war es an der Partei, etwas zu leisten. Sie müsse sich für ihn anstrengen, nicht er für sie. Denn sonst würde Kurz seine eigene Bewegung gründen, drohte er. Es war nur eine Scheindrohung, für die Öffentlichkeit, um ihn als starken, entschlossenen jungen Mann darzustellen, aber die Medien griffen sie dankbar auf. Nichts lässt sich von Tag zu Tag besser beschlagzeilen, als eine Eroberung, ein Machtkampf, die Geschichte eines jungen Kreuzritters, der sich aufmacht, eine alte, bröckelig gewordene Festung, in diesem Fall die ÖVP, zu erobern.

Seine zentrale Botschaft, die Kurz später im Wahlkampf unermüdlich wiederholen würde, war zu diesem Zeitpunkt bereits angelegt und von ihm – als Außen- und Integrationsminister – in zahlreichen Interviews ausgesprochen worden: Sicherheit. Viktor Orbán? Der ungarische Premier sei ein Pionier in der Flüchtlingsfrage, weil er erkannt habe, dass man ohne Grenzzäune das Problem nicht in den Griff kriege. Dafür müssen wir ihm dankbar sein. Die Flüchtlingsfrage? Es darf keine offenen Grenzen mehr geben. Die Westbalkanroute ist dicht, als Nächstes müssen wir die Mittelmeerroute schließen, den »NGO-Wahnsinn« beenden, am besten mit Lagern in Afrika. Integration? Heißt natürlich Integration durch Leistung. Dafür gibt es Deutsch-, Werte- und Orientierungskurse. Und überhaupt: »Hören wir auf mit der Trennung in Gut und Böse und der moralischen Überlegenheit!«, forderte Kurz in einem Interview mit der *Süddeutschen Zeitung*. Man müsse die unbeschränkte Zuwanderung einfach stoppen, dürfe Dinge nicht schönreden und müsse »Wahrheiten wieder aussprechen«, wie es auf den ersten Wahlkampfplakaten hieß.

Später kamen zwei weitere Leitmotive dazu. Zum einen Leadership, von Kurz rhetorisch umgesetzt, indem er Sätze gerne mit der Formulierung einleitete, »Wenn ich zum Kanzler gewählt werde, werde ich …«. Zum anderen »neuer Stil«. Neuer Stil sei es beispielsweise, sich »am gegenseitigen Anpatzen« nicht zu beteiligen. »Ich bleibe dabei, wir werden uns am gegenseitigen Anpatzen nicht beteiligen.« Dieses Versprechen trug Kurz wie ein Mantra vor sich her, seitdem er in den Wahlkampfmodus geschaltet hatte. Er sagte es bei jedem größeren Interview und er schickte es in schöner Regelmäßigkeit über seine Social-Media-Kanäle aus, immer mit der exakt gleichen Formulierung. In dem Satz »Ich bleibe dabei, wir werden uns am gegenseitigen Anpatzen nicht beteiligen« schwingen gleich zwei Botschaften mit: Die anderen sind die Schmutzfinken, nicht wir. Und: Die tun es schon die ganze Zeit, wir natürlich nicht. Wir sind die Saubereren, Anständigen, Ordentlichen. Die anderen machen den Schmutzkübelwahlkampf.

Dass die SPÖ sich im Laufe ihrer Kampagne dann tatsächlich in einen Negative-Campaigning-Skandal rund um zwei Facebook-Seiten mit den Namen »Wir für Sebastian Kurz« und »Die Wahrheit über Sebastian Kurz« verwickelte, den ihr der gut bezahlte externe Politberater Tal Silberstein eingebrockt hatte, passte perfekt in das von der ÖVP aufgebaute Bild des »Wir sind die Saubereren«. Silberstein hatte die beiden inkriminierten Facebook-Seiten zwar nicht im offiziellen Auftrag der SPÖ betrieben, aber sie waren trotzdem integraler Bestandteil seiner von der SPÖ bezahlten Kampagne. Kurz' Popularitätswerte lagen den ganzen Wahlkampf über so stabil hoch, dass Silberstein der Meinung war, ohne Negativ-Kampagne gegen ihn könnte selbst ein guter Kandidat wie Kern nicht siegen. Der ÖVP wiederum gelang es, die Anti-Kurz-Facebook-Seiten zum Höhepunkt des Dirty Campaignings in Österreichs Wahlkampfgeschichte hochzustilisieren, was sie nun auch nicht waren. Darüber, ob der »Silberstein-Skandal« am Ende nicht am meisten der FPÖ geholfen hatte, ist sich die Wahlforschung uneinig. Kurz kam am Wahlabend mit seinen 31,5 Prozent jedenfalls drei Prozentpunkte niedriger zu liegen als in den letzten veröffentlichten Umfragen prognostiziert.

Die FPÖ konnte deutlich aufholen, Kern wiederum mehr vormalige Grün-Wähler für die SPÖ gewinnen als gedacht, vielleicht auch aus einem gewissen Mitleidseffekt heraus.

Kurz – das politische Start-up, im Stil eine Kopie von Macrons »En marche«, in den Inhalten eine Art FPÖ light: Schon Anfang Mai, also noch bevor er die ÖVP übernahm, hatte sich Kurz in der Öffentlichkeit erfolgreich als neue politische »Marke« positioniert. Er folgt damit unbewusst oder bewusst der Dramaturgie der New-Economy-Kultur. Auch sie inszeniert sich gerne als spontan, improvisierend, heroisch gegenüber dem Unabwägbaren, funktioniert dahinter aber nach klassischen Mechanismen. Es ist die Verpackung, die originelle Geschichte, das Image, das man kreiert, das am Ende mehr zählt als die Inhalte. Kurz ist ein Politiker mit großem Gespür für aufziehende Emotionen. Er war schon vieles. In seiner Zeit als Chef der Jungen ÖVP der freche Hofnarr, der den Mächtigen in seiner Partei vorhielt, wie verkrustet, altmodisch, fett und behäbig sie sind. Als Integrationsstaatssekretär dann der Mister Positiv, der das Thema Integration erstmals positiv besetzte und der Ausländerdebatte eine neue, positive Wende gab. Als Außenminister wählte er die Rolle des starken Mannes, der sich gegen die deutsche Kanzlerin Angela Merkel und den damaligen Kanzler Werner Faymann stellte. Als ÖVP-Chef verdichtete er alle bisherigen Rollen in eine neue. Kurz als politischer Führer, der Anti-Establishment und Establishment zugleich ist. Der den passenden Ton gegen die ewig politisch Korrekten, die Sozialschmarotzer und Willkommenskulturanhänger findet und trotzdem kein politischer Outcast ist. Der außerdem Europäer ist, aber halt ein wehrhafter. Kurz' Agenda war immer schon utilitaristisch und für die eigene Positionierung maximal ausbeutbar. Er ist ein perfekter »unpolitischer Populist«, schrieb der Schriftsteller Vladimir Vertlib im Wahlkampf in einem Essay.

Erst in den Tagen nach dem Parteivorstand wurde nach und nach bekannt, dass Kurz' spontane »Eroberung« der ÖVP gar keine war, sondern im Vorfeld genau abgesprochen.

Schon am Freitagnachmittag vor der entscheidenden Bundesparteivorstandssitzung am Sonntag hatten sich die Teilorganisationen der ÖVP – also Bauern-, Senioren-, Frauen-, Wirtschafts- und Arbeitnehmerbund – bei ihrer Routinebesprechung auf Kurz als neuen Chef verständigt. »Er hatte zu jedem Einzelnen direkten Kontakt, und wir waren alle in seine Pläne eingebunden«, erzählt einer aus dem Kreis. Die wichtigsten Länderchefs waren schon zu Jahresbeginn, also fünf Monate zuvor involviert.

So erklärt sich, dass der Aufschrei auch ausblieb, als Kurz am Tag vor dem Parteivorstand zur weiteren dramaturgischen Steigerung einen Sieben-Punkte-Forderungskatalog an die ÖVP an die Öffentlichkeit spielte. Er forderte als Morgengabe für seine Parteiübernahme, dass auf der Wahlliste, mit der die ÖVP bei der Nationalratswahl antreten wird, groß sein Name steht (»Sebastian Kurz – die neue Volkspartei« ist der Wortlaut) und dass er die Bundeswahlliste, den Generalsekretär und sein Regierungsteam völlig autonom bestimmen kann. Bis dato hatte der Parteichef nur Vorschlagsrechte und musste auf den Sanktus des Parteivorstandes hoffen. In die Erstellung der Landeslisten kann er künftig mit Veto eingreifen, Frauen und Männer sollen im Reißverschlusssystem die politischen Mandate erhalten.

Die Sorge, dass die Kurz'schen Gebote als autoritäre Wende oder Selbstaufgabe der Partei rüberkommen, war zu diesem Zeitpunkt groß. Journalisten, die den Sieben-Punkte-Plan exklusiv zugespielt bekommen haben, wurden von Kurz' Pressearbeitern durchtelefoniert und mit beschwichtigenden Argumenten versorgt.

Als Kurz dann an diesem Sonntag auf die Sekunde genau zu Beginn der ORF-Hauptnachrichtensendung »Zeit im Bild 1« um 19.30 Uhr vor die Presse trat, um sich zum neuen Obmann der »neuen Volkspartei« auszurufen, war das keine Sensation, sondern eine bloße Vollzugsmeldung. Trotzdem entschied der ORF, den Beginn der Pressekonferenz live in den Abendnachrichten zu übertragen. Gerald Fleischmann, der gewiefte und gleichzeitig ob seiner Härte gefürchtete Pressesprecher von Kurz, strahlte an diesem Abend über den gelungenen Coup.

Es gehört zum Handwerk, den Chef auf den eigenen Kanälen – auf Facebook, Twitter und Instagram, dem Kurz-TV und der Kurz-Homepage – zu inszenieren. Die klassischen Medien dazu zu bringen, seinem Narrativ zu folgen, ist hohe Kunst. Gernot Blümel, Chef der Wiener ÖVP, postete ein Foto auf Twitter, das den Vorstand zeigt, wie er Kurz live in der »Zeit im Bild« zuschaut. »Public Viewing« taufte er es ironisch.

Nicht das erste Mal bewies Kurz, was er besonders gut kann: sich und seine Errungenschaften punktgenau und mit maximalem Effekt vermarkten.

Zeitgleich mit seiner Machtübernahme in der ÖVP am 14. Mai richtete sich auch die digitale ÖVP-Welt komplett auf Kurz aus. Kaum hatte er an diesem Sonntag die Partei formal übernommen, lief die türkise Kampagnenmaschinerie an. Die Homepage der ÖVP war schlagartig in ein hoffnungsfrohes Türkis gefärbt. Abgesehen von einem Video der Pressekonferenz von Sebastian Kurz gab es nur mehr ein Element auf der Seite: »Kann Sebastian Kurz auch auf Deine Unterstützung zählen? Dann trag' Dich hier ein!« Nichts erinnerte mehr an die Volkspartei.

Die Botschaft war klar: Hier entsteht eine neue Bewegung, und jeder kann Teil davon sein. Zeitgleich erhielten hunderte Österreicher per Mail folgende Nachricht: »Hallo! Ich melde mich heute – nach längerer Zeit – bei Dir, weil heute ein entscheidender Tag für Sebastian Kurz ist: Er hat vor wenigen Stunden die Führung der ÖVP übernommen. Du hast dich 2013 als Unterstützer von Sebastian eingetragen – vielen Dank dafür! Ohne diesen Rückhalt damals und während der letzten Jahre wäre vieles nicht möglich gewesen.« Bei der Nationalratswahl 2013 hatte Kurz einen erfolgreichen Vorzugsstimmenwahlkampf geführt. 35 000 Stimmen konnte er damals gewinnen – und rund 50 000 E-Mail-Adressen und Handynummern, die ihm seine Fans damals freiwillig überließen. Auch die politisch nicht besetzte Farbe Türkis findet sich damals schon, wenn auch etwas dunkler, in seiner Vorzugsstimmenkampagne. Bei anderen Parteien lagern solche Kontaktdaten im digitalen Nirvana. Kurz – genaugenommen sein externer Kampagnenchef Philipp Maderthaner – war klug genug, sie schon damals, 2013, zu sammeln und für sich zu nutzen. Wer dann im Wahlkampf seine E-Mail-Adresse auf der ÖVP-Website oder anderen Kanälen hinterließ, schenkte Kurz mehr, als er ahnte. Über den direkten Kontakt machte sich Kurz unabhängig von klassischen Medien. In den folgenden Wochen und Monaten wurden die Unterstützer ständig auf dem Laufenden gehalten. Sie bekamen aufmunternde Botschaften, konnten sehen, wer schon aller mit dabei war und sich als Teil einer Bewegung fühlen.

Die Kampagne trat aber auch in einen Dialog, ganz nach dem Vorbild des früheren US-Präsidenten Barack Obama, von dessen Kampagne auch die Basissoftware stammt, die Maderthaner im Auftrag von Kurz verwendete. Das Mobilisierungstool von »Blue State Digital« siebt seine Kundinnen und Kunden aus. Wer ist ein potentieller Aktivist, weil er auf Nachrichten schnell reagiert? Wer hat viele Facebook-Freunde und könnte daher besonders gut mobilisieren? Wer ist spendenfreudig? Wer in die Kategorie Superaktivist fällt, wird belohnt. Persönliche Nachrichten, ein Selfie mit Sebastian Kurz oder ein gemeinsames Abendessen. Rechtzeitig zum Wahlkampf kam auch eine Kurz-App auf den Markt. Gamification nennen Soziologen das. Der Wahlkampf als Computerspiel. »Einen von sechs Wählern konnten wir direkt über unsere eigene Datenbank adressieren, wir mussten nicht jedes Mal Facebook-Euros in die Hand nehmen. Wir konnten diese Viertelmillion Menschen zu einer Hebelwirkung für die Kampagne machen«, erzählte Kampagnenleiter Maderthaner später stolz dem Branchenmagazin *Horizont*.

Kurz' Kampagne war die mit Abstand modernste aller Parteien im Nationalratswahlkampf 2017, der gleichzeitig auch der erste richtige Social-Media-Wahlkampf Österreichs war. Wenn sich das Leben mit all seinen Aspekten ins Netz verlagert, muss die Politik nachziehen. Großformatige Wahlplakate, Inserate in Tageszeitungen, Belangsendungen, klassische Wahlkampftouren? All das gab es bei der Nationalratswahl 2017 auch, aber die Werbung in den sozialen Medien, allen voran die bewegten Bilder, waren dominanter denn je. »*Bild, Bams & Glotze*«, also das Boulevardblatt *Bild*, dessen Sonntagsausgabe und das Fernsehen brauche er zum Regieren, meinte der Sozialdemokrat und frühere deutsche Kanzler Gerhard Schröder einmal. Übersetzt auf Österreich hieß das: *Krone, Krone bunt* und den ORF hinter sich zu haben. Inzwischen erreichen diese klassischen Medienvertriebswege nur noch ältere Semester verlässlich. Wer die Jüngeren will, vor allem die, die sich nicht mehr für Politik interessieren, muss in die neuen »Kanäle«, allen voran YouTube, Snapchat, Instagram, Twitter und Facebook. Der digitale Wahlkampf verlangt nicht nur nach einer neuen Tonalität – persönlicher, nahbarer, unmittelbarer – und nach neuen Formaten, vor allem nach bewegten Bildern, sondern auch nach mehr Tempo. Der Politiker als eigenes kleines Medienunternehmen.

Soziale Medien sind aber auch gigantische Datenakquisitions-, Datenvermarktungs- und Datenverwertungsunternehmen. Sie entlocken ihren Userinnen und Usern »Content« (Internetsprache für Inhalte), wo sie nur können, und registrieren jeden Mausklick. Maderthaner: »Mit einer E-Mail-Adresse konnten wir Kontaktpunkte rund um eine Person aggregieren. So konnten wir über den Kampagnenzeitraum 6,7 Millionen Datenpunkte ansammeln.« Mit diesen baut Kurz weiter seine Bewegung auf – unabhängig von Monopolisten wie Facebook, Instagram oder Twitter.

Blümel, Maderthaner, Fleischmann, dazu noch Stefan Steiner, Axel Melchior und Elisabeth Köstinger. Es sind wenige und immer die gleichen Namen, die im Umfeld von Kurz auftauchen. Sie alle sind in ihren 30er und frühen 40ern, sie sind mehrheitlich Männer, und sie sind ein klar eingespieltes Team, spätestens seit 2011, als Kurz erstmals Regierungs-verantwortung als Staatssekretär für Integration übernahm. Und sie sind Kinder der kurzen und turbulenten Ära Josef Prölls in der ÖVP. 2007 verantwortete der damalige Um-weltminister eine ÖVP-interne »Perspektivengruppe«, die der Partei ein liberaleres Programm geben sollte. Von 2008 bis 2011 war Josef Pröll Parteichef und versuchte die ÖVP zu modernisieren.

Er holte Maderthaner als Marketing- und Kommunika-tionschef in die Bundespartei. Der Niederösterreicher or-chestrierte bereits in jungen Jahren erfolgreich Kampagnen für Erwin Pröll, später für die Bundes-ÖVP, dann für Kurz während dessen kurzem Gastspiel als Chef der JVP Wiene und später in dessen Zeit als Integrationsstaatssekretär. 2012 gründete Maderthaner in Wien die Agentur »Campaigning Bureau«. Aus den Josef-Pröll-Jahren kennen sich nicht nur Maderthaner und Kurz' sondern auch zwei weitere seiner engsten Mitarbeiter. Kurz heutiger Generalsekretär Stefan Steiner war damals als Leiter der politischen Abteilung der ÖVP für den Perspektivenprozess verantwortlich und überblickt alle sachpolitischen Debatten. Kurz' persönlicher Pressesprecher Gerald Fleischmann war damals Partei-Pressesprecher.

Steiner, der als Kind zweier österreichischer Lehrer in Istanbul das elitäre St. Georgs-Kolleg, die dortige öster-reichische Schule besuchte, spricht fließend Türkisch und ist Kurz' »Brain«. Fleischmann kommt wie Maderthaner aus der ÖVP-Niederösterreich-Kaderschmiede und ist der medienpolitische Arm von Kurz. Axel Melchior, Kurz' Ver-trauter aus der JVP-Zeit, ist für alles Organisatorische in der ÖVP zuständig. Köstinger, lange Zeit EU-Abgeordnete in Brüssel, war im Wahlkampf als ÖVP-Generalsekretärin das telegene, sanfte, weibliche Gesicht der »neuen ÖVP«.

Wäre Kurz eine AG, die Rollenverteilung sähe folgen-dermaßen aus: Steiner wäre für Strategie und Entwicklung zuständig, Melchior Personalchef, Fleischmann PR-Verantwortlicher und Maderthaner zuständig für Werbung und Marketing. Kurz' Managementstil ist ruhig und freundlich, aber fordernd, extrem kontrolliert und delegationsfreudig.

Aber anders als etwa sein Parteivorgänger Wolfgang Schüssel, dessen feine Ironie nie ohne hintersinnige Schärfe daherkam, kann Kurz auch herzhaft lachen. »Bisweilen ist er richtig ulkig. Das ist eine Seite, die er in der Öffentlichkeit nie zeigt«, erzählt ein Regierungsmitglied des Kabinetts Kern / Mitterlehner. Als die Regierung nach der Nationalratswahl am 15. Oktober 2017 zur rituellen Ab- und Angelobung bei Bundespräsident Alexander Van der Bellen antreten musste, fingen die Kameras einen kasperlnden Kurz ein, der offensichtlich jemanden nachäffte und dabei den Kopf heftig hin- und herwackeln ließ.

Es sind also nur eine Handvoll Personen, die Kurz begleiten, zuerst als Kabinettsmitarbeiter, dann an den Schlüsselstellen der ÖVP, im Koalitionsverhandlungsteam und in der Regierung. Sie alle sind geprägt vom Scheitern Josef Prölls, des letzten wirklichen Hoffnungsträgers der ÖVP. Er startete fulminant mit einem großen Reformprozess, verzettelte sich dann aber in Einzelthemen und verlor am Ende den Rückhalt in seiner Partei. Kurz und dessen Umfeld konnten damals hautnah miterleben, wie man es nicht macht – und zogen offenbar ihre Schlüsse daraus.

Denn keine andere Partei ist seit Jahrzehnten so sehr mit ihrer Selbstfindung beschäftigt, keine andere stolpert von einer gescheiterten Reform zur nächsten, in keiner anderen wiederholt sich der Kreislauf des Nachdenkprozess-Ausrufens, des Bekenntnisses zu neuen Gesichtern und Themen, gefolgt vom rituellen Obmannmord wie in der ÖVP. »Diese Partei ist wie eine gefährliche Maschine, wenn sie dich am Hemdsärmel erwischt, sie zieht dich hinein und da hast keine Chance mehr«, erklärte es Kurz' Vorgänger, der frühere ÖVP-Chef Reinhold Mitterlehner einmal bildlich.

Anläufe, die Partei zu reformieren, gab es viele. Das letzte Mal war die ÖVP im Jahr 1990 einer Strukturneuordnung so nahe wie später nie mehr gekommen. Ihr damaliger Parteichef Josef Riegler, im Rückblick ein höchst unterschätzter Parteidenker, hatte sich die Reformversuche seiner Vorgänger angeschaut, allen voran jene von Josef Taus aus dem Jahr 1979, und war zum Schluss gekommen, von der Partei selber aus würde es nie zu Änderungen kommen, es brauchte den Anstoß von außen. »Es muss eine neue ÖVP geben«, sagte er im Parteivorstand im Oktober 1990, eine, die »neben den Bünden und Teilorganisationen« aufgebaut wird, die »die neuen Mittelschichten anspricht« und den Schritt von der »Mitgliederpartei zur Mitarbeiterpartei« mache.

Schon Taus hatte in den 1970er-Jahren die ÖVP radikal umkrempeln wollen. Weg mit den drei ständisch organisierten Bünden aus Bauern, Arbeitnehmern und Wirtschaftstreibenden, her mit einer zentralen Parteimitgliedschaft, mit Finanzhoheit und Durchgriffsrecht bis in die kleinste Ortsgruppe für die Bundespartei. Wenige Wochen später waren Taus und seine Reform Geschichte. Auch Riegler sollte seine Management-Ideen nur wenige Monate überleben. Er scheiterte, wie er selbst einmal sagte, »weniger an den Bünden als an den Länderinteressen«. Allen voran am mächtigen niederösterreichischen Landeshauptmann. Er war über Jahrzehnte als heimlicher Parteichef das wahre Machtzentrum der ÖVP – und damit auch ihr Hauptproblem.

Übrig blieb von Rieglers 120-Seiten-Reformpaket nur, dass der Bundesparteivorstand verkleinert wurde und der ÖVP-Obmann nicht automatisch die Spitzen der Bünde zu seinen Stellvertretern ernennen muss. Und noch eine Idee Rieglers überlebte: die sogenannten Fachausschüsse, die in der Bundespartei aktuelle Themenkonzepte erarbeiten sollen. Sie fanden sich in Josef Prölls »Perspektivenkommission« wieder, dem letzten großen Versuch einer inhaltlichen Reform. Viele damals entworfene Ideen wie Partnerschaftsverträge für Homosexuelle am Standesamt, Arbeitsmöglichkeiten für Asylwerber oder Gesamtschulkonzepte wurden von der Parteispitze aber als zu radikal rasch wieder begraben. Dass es so nicht weitergehen kann, wusste auch Prölls Partei-Generalsekretär Fritz Kaltenegger. »Eine Neugründung ist eine Illusion«, erklärte dieser der Wiener Wochenzeitung *Falter* im Jahr 2009, »eine Reform kann nur gelingen, wenn eine Bürgerbewegung parallel zum Apparat initiiert wird. Die ÖVP braucht Plattformen von außen, mit neuen Ideen und Köpfen – und das alles von den Städten aus. Dort manifestiert sich das moderne bürgerliche Wertekonzept.«

Also genau das, was Kurz im Jahr 2017 tat.

Kalteneggers Vorbild war damals noch Karl Schwarzenbergs liberal-konservative Bewegung »TOP 09«. Schwarzenberg, Aristokrat mit tschechisch-österreichischen Wurzeln, hatte sich eine Partei völlig neu am Reißbrett entworfen und damit auf Anhieb Erfolge gefeiert. Ihr Name »TOP 09« (Tradice, Odpovědnost, Prosperita) steht für »Tradition, Verantwortung, Prosperität«. Ein Jahr zuvor hatte der schwedische Konservative Fredrik Reinfeldt gezeigt, wie man eine bestehende konservativ-liberale Partei von innen heraus neu gründet. Er hatte einfach seine »Moderate Sammlungspartei« in die »Neue Moderate« umgetauft. Pröll holte Reinfeldt damals nach Wien, um seiner Partei zu zeigen, in welche Richtung der Weg für die ÖVP gehen könnte. Nicht der Unternehmer, sondern die ehrlich schuftende Krankenschwester wurde zur Identifikationsfigur der schwedischen Konservativen, statt gegen eine Vermögenssteuer zu kämpfen, sorgte sie sich um die Entlastung der Normaleinkommen, gleichzeitig schuf sie Anreize für die Wirtschaft, wenn sie »Arbeitsmarktaußenseiter« anstelle. Arbeit müsse sich wieder lohnen, der Wohlfahrtsstaat gehöre reformiert. All das gipfelte in einem Slogan, der die schwedische Linke vollends irritierte: »Schweden braucht eine neue Arbeiterpartei!«

Kurz schnappt sich nicht die Themen der Sozialdemokratie, sondern die der Freiheitlichen. Schließlich drehten sich die Sorgen des Jahres 2017 nicht mehr um Arbeitsplatzverlust wie in dem ersten Jahr nach der Finanzmarktkrise, sondern um die Themen Migration, Sicherheit und Zuwanderung, aufgrund der großen Fluchtbewegung des Jahres 2015 aus dem Nahen Osten.

Offiziell trat der im Vergleich zu Kurz um einiges lockerere, lebenslustigere und damit auch weniger disziplinierte Josef Pröll im April 2011 aus gesundheitlichen Gründen zurück, aber tatsächlich hatte er seine Partei überfordert – und sie am Ende ihn. Kurz und dessen Team beobachteten den Fall Prölls genau und zogen ihre Schlüsse daraus. Sie entwarfen eine Strategie, wie sie die Partei umkrempeln und gleichzeitig in siegreiche Wahlen führen könnten, ohne sie mit neuen Programmideen zu verwirren.

Wie weit Sebastian Kurz' Vorbereitungen auf die Machtübernahme in seiner Partei zurückreichen, zeigt die bereits zuvor erwähnte Sammlung geheimer Dokumente aus seinem innersten Kreis, die dem *Falter* im August 2017 zugespielt worden war und die den Planungsstand des Teams Kurz zwischen Juni und Herbst 2016 wiedergibt. Die Dokumente entstanden kurz nachdem der damalige ÖBB-Chef Christian Kern die SPÖ übernommen hatte und die Sorge unter den Kurzianern groß war, er könnte gleich Neuwahlen ausrufen. Man wollte vorbereitet sein auf alle Eventualitäten.

»Projekt Ballhausplatz« beziehungsweise »Projekt BPO« (BPO steht für Bundesparteiobmann) wurden die Strategiepapiere betitelt, die nicht nur genaue Überlegungen für den Weg an die Spitze der ÖVP beinhalten, sondern – was sie noch spannender macht – für das nächste Halbjahr danach. Für Kurz schien immer klar gewesen zu sein, dass, wenn er die Parteispitze übernimmt, binnen eines halben Jahres gewählt werden muss. Nur so ließe sich der Schwung des Neuen mitnehmen und kapitalisieren. Auch dass Kurz, sobald er ÖVP-Chef ist, keinesfalls als Vizekanzler in der großen Koalition dienen wollte, hatten er und sein Team schon damals festgelegt. Eindeutig war auch geregelt, dass nur Kurz der Star der Wahlkampagne sein dürfe, alle anderen hätten sich ihm unterzuordnen – als »Jünger«, wie sie in einem Papier geradezu biblisch bezeichnet wurden.

Schon damals hatte Kurz sich auf seine Rolle im »Projekt BPO« als »höflicherer Strache« festgelegt. FPÖ-Themen übernehmen, diese aber weniger aggressiv anzusprechen und für ein breites Publikum akzeptabel zu machen – diese letztlich wahlentscheidende und erfolgreiche Strategie findet sich in den internen Papieren bereits im Juni 2016, mehr als ein Jahr vor dem eigentlichen Wahlsieg. »FPÖ-Themen, aber mit Zukunftsfokus« wurde als Grundlinie ausgegeben, es brauche den »Wählerversteher«, den »Strache perfekt beherrsche«. »Sie werden jetzt ein Fan von mir!«, freute sich Strache, als er Kurz bei der ersten Dreierkonfrontation des Wahlkampfs gegenübersaß. Schon Tage zuvor hatte der FPÖ-Chef darüber gewitzelt, dass Kurz in seinem geheimen Strategiepapier festlegte, mit blauen Themen punkten zu wollen.

Kopieren, was funktioniert, nach diesem Motto setzte Kurz auch sehr früh darauf, parallel zur Partei eine »Bewegung« aufzubauen, wie es Macron in Frankreich im Sommer 2016 vorgemacht hatte. Kurz-Vertraute produzierten damals nicht nur seitenlange Themensammlungen für ein neues Parteiprogramm, sie legten auch umfangreiche Listen mit den Handy- und E-Mail-Adressen der Wirtschafts- und Kulturelite der Republik an, die für Sponsoring und ein späteres Prominentenkomitee gedacht waren.

Im Wahlkampf präsentierte Kurz nicht nur Woche für Woche ein neues Gesicht, darunter die Opernball-Organisatorin Maria Großbauer, die nach einem Trainingsunfall gelähmte Sportlerin Kira Grünberg oder den Psychoanalytiker Martin Engelberg, der bis zu seinem Einzug ins Parlament im Vorstand der Israelitischen Kultusgemeinde saß. Unter dem Dach von Kurz' »Zeit für Neues«-Bewegung finden sich aber auch Personen ein, die eher an vergangene Zeiten erinnern. Der Mathematiker Rudolf Taschner zum Beispiel, der in einem seiner wöchentlichen Kommentaren in der Tageszeitung *Die Presse* den Klimawandel als »Scheinproblem« bezeichnete und meinte, unser Kontinent sei »mit einem akuten, echten Problem konfrontiert, von dem niemand weiß, ob wir es zum Wohl der nächsten Generationen lösen können. Wer in dieser Situation mit dem CO_2-Alarmismus großes Geld macht, handelt schlimmer als nur verantwortungslos.« Oder Gudrun Kugler, eine katholische Fundamentalistin und Kämpferin gegen die Abtreibung, die fordert, dass Standesbeamte unter Hinweis auf ihren christlichen Glauben die Begründung eingetragener Partnerschaften von Homosexuellen ablehnen dürfen. Die Einführung der Homo-Ehe würde »unweigerlich zu schrittweisen Erweiterungen wie Polygamie oder eine Ehe für beste Freundinnen oder unter Geschwistern« führen, meinte Kugler 2015. Beide zogen nun auf der »Liste Kurz« erstmals ins österreichische Parlament ein.

Schon vor dieser entscheidenden Nationalratswahl 2017 hatte Kurz begonnen, systematisch Wahlkampfspenden zu sammeln. Neunzig Prozent dieser Spenden seien von Klein- und Kleinstspendern gekommen, betonte die ÖVP immer wieder. Erich Neuwirth, Professor für Statistik an der Universität Wien, hat sich die auf der ÖVP-Homepage veröffentlichte Spendenliste genau angesehen. 436 463 Euro kamen alleine von Stefan Pierer, Chef des Mattighofener Motorradherstellers KTM. Er hatte versprochen, die bis Ende Juli eingegangenen Spenden für den Wahlkampf von Kurz zu verdoppeln. »Genauere Analysen der Daten zeigten, dass die 28 höchsten Spenden (das sind 0,307 Prozent aller Spenden) zusammen eine Summe von 1 063 674 Euro, also 50,3 Prozent der Gesamtsumme von 2 114 720 Euro, ergeben. 28 von 9118 Spendern haben also mehr als die Hälfte aller Spenden beigetragen«, rechnete Neuwirth aus. Unter den Big Spendern für die Liste Kurz waren Immobilienunternehmen besonders stark vertreten. Über 200 000 Euro überwiesen Unternehmer mit Immobilienhintergrund an den ÖVP-Kandidaten, jede dritte Großspende kam aus dieser Branche.

Kurz, ein Kandidat des Großkapitals? Die SPÖ versuchte, im Wahlkampf die Sponsoren der »neuen ÖVP« zu thematisieren. Aber den klassenkämpferischen Gestus nahmen viele dem SPÖ-Chef Kern nicht wirklich ab, schließlich zählt er als ehemaliger Verbund- und ÖBB-Chef selber zur wirtschafts-politischen Elite des Landes.

Ab Mai 2016 begannen Kurz und sein engster Vertrauter Stefan Steiner, mit der ehemaligen Präsidentschaftskandi-datin Irmgard Griss und Matthias Strolz von den NEOS über eine gemeinsame Wahlbewegung für vorzeitige Neuwahlen zu verhandeln. Emmanuel Macrons »En marche« war da-mals in aller Munde, und Kurz wollte ausloten, ob er auch in Österreich mit einer solchen breiten, nicht mehr von Par-teien abhängigen Bewegung antreten könne. Im Nachhinein wurden diese Gespräche von Kurz als unbedeutende Epi-sode abgetan, aber das waren sie nicht. Kurz wäre tatsächlich bereit gewesen, nicht nur seine Partei, sondern auch viele ihrer ideologischen Grundsätze hinter sich zu lassen, um eine noch bessere Ausgangsbasis bei der nächsten National-ratswahl zu haben.

Von Mitte Mai bis zum 10. August 2016 liefen die Ver-handlungen, die auf Mitarbeiterebene von Milo Tesselaar (damals Kampagnenmanager von Irmgard Griss, danach Wahlkampfleiter der Liste Pilz), Stefan Steiner (damals Sek-tionschef im Außenministerium, ab 2017 ÖVP-Geschäfts-führer) und Feri Thierry (damals NEOS-Bundesgeschäfts-führer, heute Politikberater) geführt wurden. Irmgard Griss, Sebastian Kurz und Matthias Strolz trafen einander drei Mal. Die Annäherung sollte in drei Stufen erfolgen: Inhaltliches, Technisches und Logistisches. Bereits die Besprechungs-unterlagen, die dem *Falter* zugespielt wurden, zeigten wie meisterhaft Kurz es versteht, Positionen seiner Gegenüber zu übernehmen und als seine eigenen Ideen zu verkaufen. Wichtig waren Kurz und Steiner vor allem eine ordentliche Law-and-Order-Politik. »Mehr Sicherheit« und »Geregelte Zuwanderung« sind Punkte, die von ihnen eingebracht wur-den. Dafür wären sie ohne weiteres bereit gewesen, wie von den NEOS angestrebt, die Pflichtmitgliedschaft in den Kammern abzuschaffen. Das Projekt »GSK« platzte, noch bevor man zu den Themen Technisches und Logistisches kam, es also ans Eingemachte ging: Verteilung von Mandaten und Ministerposten. Dazu finden sich nur mehr Punktationen in den Verhandlungsunterlagen.

Aber vieles, was damals von Griss und den NEOS an Projekten, Themen und Ideen eingebracht wurde, sollte sich später fast wortgleich im Wahlprogramm der Liste Kurz wiederfinden.

Auch dass Kurz als Kanzler aus den von ihm angestoßenen Neuwahlen hervorgehen wird, stand in seinen geheimen Strategieplänen außer Zweifel. Darin findet sich auch schon die erste wichtige PR-Etappe nach der Eroberung des Ballhausplatzes: Präsentation des »Outputs 100 Tage Regierung«. Allerdings nur als Termin, ohne Inhalte, was dann zu präsentieren sei.

Nur eines findet sich in all den Masterplänen, Diagrammen und Tabellen nicht: ein Regierungsprogramm oder gar ein Fünfjahresplan für die nächste Legislaturperiode. Kurz wollte an die Macht, was er dann konkret mit ihr anfängt, schien ihm zweitrangig – oder er hielt es nicht schriftlich fest. Die Strategiepapiere dokumentieren nur die technokratischen Schritte, die es braucht, um zu gewinnen. Events, Werbemaßnahmen, Kommunikation, Management, Gegnerbeobachtung. Von den Vorbereitungen für den Tag der ÖVP-Übernahme über Maßnahmen in der ersten Woche danach (Wahlkampfteam aufstellen, Umfragen in Auftrag geben), im ersten Monat (Bürgerveranstaltungen inklusive Datensammlungen) bis hin zum Parteitag, der gleichzeitig Wahlkampfauftakt sein soll. Es gab nichts, woran Kurz nicht gedacht hätte, abgesehen von Programmatischem.

So finden sich in den Strategiepapieren zum Beispiel auch umfangreiche Dossiers über die Schwächen seiner beiden Konkurrenten SPÖ-Chef Christian Kern und FPÖ-Chef Heinz-Christian Strache. Unter dem Schlagwort »offene Flanken« sind ganz im Stil eines geheimdienstlichen Kompromats Informationen zusammengestellt, die den Gegner unter Druck bringen. Da wurden etwa Kerns bürgerliche Seiten aufgelistet (»Hochzeit am Weingut von Leo Hillinger«, »Tochter besucht eine katholische Privatschule«). Unter »Kerns Uhren vs. ÖBB-Gehalt« findet sich ein Bericht der Gratiszeitung *Heute*, die den Wert von Kerns Uhren auf 29 000 Euro schätzt, wofür »ein ÖBB-Mitarbeiter mehr als ein Jahr arbeiten müsse«. Im Strache-Dossier werden dessen fragwürdige Kontakte zu Despoten, rassistische Entgleisungen und die »dünne Personaldecke« der Blauen thematisiert.

Für langjährige Beobachter der österreichischen Innenpolitik war es nicht besonders überraschend, dass eine Partei aus Sorge vor anstehenden Neuwahlen geheime »Strategiepapiere« produziert, die die Aufgabenteilung im Wahlkampf präzisieren und ihre politischen Mitbewerber auf Stärken und Schwächen abklopfen. Das gehört zum harten Geschäft der Wahlauseinandersetzung dazu. Trotzdem war es für Kurz unangenehm, weil es seine Erzählung im Wahlkampf empfindlich störte.

In seiner Selbstdarstellung war Kurz ganz auf Distanz zur herkömmlichen Politik gegangen. Die ÖVP – keine Partei, sondern eine Bewegung. Kurz selbst, obwohl jahrelang als Minister mitverantwortlich für die Regierungsarbeit, inszenierte sich als Quereinsteiger. Dass er sich lange und akribisch auf den Sprung an die Parteispitze vorbereitet hatte, passte da so gar nicht in die Erzählung. Zwei Mal fragte Tarek Leitner im ORF-»Sommergespräch« Ende August, seit wann Kurz die Machtübernahme in der ÖVP vorbereitet habe. Beide Male blieb Kurz die Antwort schuldig. »Die Überraschung war für mich dann groß, als Reinhold Mitterlehner zurückgetreten ist«, schwindelte sich der Außenminister um die Beantwortung der Frage herum.

Hier kommt ein neuer, junger, unbefleckter Kandidat, der mit dem alten System Partei gebrochen hat, etwas Großes plant und einen neuen Stil in Österreichs Politik bringen will. Das war das türkise Heldenepos, an dem Kurz und seine Pressesprecher, Social-Media-Betreuer und Wahlkampfstrategen den ganzen Wahlkampf über gestrickt hatten und das am Wahlabend im Kursalon Hübner gebührend gefeiert wurde.

Hier kommt ein zwar an Jahren junger, aber an politischer Erfahrung reifer Mann, der seine Machtübernahme in Partei und in der Republik seit Jahren so perfekt wie möglich orchestriert hat und mit allen Mitteln gewinnen wollte – auch mit solchen, von denen er selbst behauptet, sie nie und nimmer anzuwenden. Das war das, was von der Kurz'schen Heldensaga überblieb, wenn man sich die Kurz-Leaks genauer anschaute.

Aber kaum einer schaute genau hin oder wollte es tun. Kurz' Narrativ war stärker, seine Popularität hatte ihn so weit immunisiert, dass Angriffe gegen ihn auf den Angreifer zurückfielen und dieser schnell als Spielverderber und Neider dastand. Und dann der Wahlsieg, rechtfertigt der im Nachhinein nicht ohnehin alles?

Im Kursalon Hübner spielte die Live-Band die Hits »Happy« und »Get Lucky« von Pharrell Williams, dazu gab es die eleganten, langen, schlanken Sacherwürstel mit Kren, Senf und Ketchup. Viele der Gäste waren so jung, dass sie eben erst mit der Schule fertig geworden waren oder am nächsten Tag sogar die Schulbank drücken mussten. »Wer von euch muss morgen früh aufstehen?«, rief Stimmungsmacher Eppinger in die Menge. Einige Hände zeigten auf. »Was hast du in der ersten Stunde? Deutsch? Na ja …«, witzelte er, während die Menge johlte. Auch für Kurz muss es ein Déjà-vu gewesen sein. Denn schon einmal gab es in der ÖVP einen fulminanten Sieg zu feiern, 2002, als Wolfgang Schüssel für die ÖVP den ersten Platz zurückholte. Damals war aber er der Schüler, der sich für die plötzlich wieder spannende und siegreiche ÖVP zu begeistern begann.

Kapitel 2

Familie

Schwimmen, segeln, sporteln, aber vor allem Party machen: Der »Segelstrand« der Wiener ÖVP am Ufer der Alten Donau ist eine Institution – zumindest für die schwarze Reichshälfte der Stadt. Hier treffen sich die Wiener Parteifunktionäre und ihre Freunde und Familien, um sich im Wiener Stadtwasser abzukühlen, mit dem Segelboot eine Runde zu drehen oder an Land Tischtennis und Badminton zu spielen. Nur zwei bis drei Minuten von der U-Bahn-Station »Alte Donau« entfernt, hat der kleine, eher unscheinbare Strand mit Holzsteg, der seit vielen Jahrzehnten im Besitz der ÖVP ist, mittlerweile durchaus etwas Elitäres. Möge der Wiener Proletarier seinen Luxuskörper samt Nachziehwagerl mit tausenden anderen während des Sommers ins riesige öffentliche Strandbad Gänsehäufel wuchten, am bürgerlichen »Segelstrand« feiert man klein, aber fein.

Anfang der 2000er-Jahre verschlug es Sebastian Kurz hierher. Der Segelstrand war genau das Richtige für den Schüler, der jede freie Minute auf dem Tennisplatz oder beim Sporteln im Wasser verbrachte und sich damals sogar die Haare in Beach-Boy-Manier lang wachsen ließ. Kurz war Schüler des öffentlichen Gymnasiums Erlgasse im 12. Bezirk und hatte schon als junger Bursche das, was ihn so schnell zu einem großen politischen Talent innerhalb der ÖVP werden ließ: hohe Aufmerksamkeit und Lernfähigkeit, schnelle

Reaktionsgabe, viel Ehrgeiz, verbunden mit hoher Sozial-
kompetenz, und nicht zuletzt ein durchaus ausgeprägtes
Selbstbewusstsein.

Kurz war in seiner Zeit als Schüler und angehender Jungpolitiker bereits das, was er bis heute ist: ein Mensch ohne
Brüche, Geheimnisse, Tragödien oder Wirrnisse. Zumindest
keine, die bekannt sind. Einer, der allen gefallen möchte, fleißig, interessiert und konsequent. Ein idealer Schwiegersohn,
höflich, angepasst, frei von Aufbegehren, abgesehen von in-
szenierter Provokation.

Surfen ist ein Lebensstil, der ein Neohippie-Image hat.
Aber hinter jedem coolen Surfer, der sich lässig vom Wind
ins Gleiten bringen lässt, steckt ein extrem disziplinierter,
hart arbeitender Sportler. Denn um die Faszination dieses
Sports ausleben zu können, braucht es jahrelange Übung,
große Ausdauer – und auch das entsprechende Taschengeld,
um das viele Material, das Surfer brauchen, zu mieten oder
sogar selber anzuschaffen. Die ersten Jahre über liegt ein Surfer meistens entnervt im Wasser, weil ihm der Wasserstart
schon wieder nicht gelungen ist, oder ärgert sich am Strand,
weil gerade jetzt, wo das Segel fertig aufgeriggt ist, der Wind
wieder nachlässt. Aber wer es einmal kann, schwärmt nicht
nur von der Körperstärke, die einem diese Wassersportart
gibt, sondern auch vom Freiheitsgefühl und dem absoluten
Abschalten-Können, die das Über-das-Wasser-Fegen mit
sich bringt. Beides gibt große Selbstsicherheit.

Sein ausgeprägtes Selbstvertrauen verdanke Kurz aber
nicht zuletzt seinem Elternhaus, erzählen enge Bekannte.
»Seine Eltern und er, die sind richtig eng. Das ist eine wirklich intakte, liebevolle Familie.« Kurz entstamme einer Generation, in der Eltern ihre Kinder bereits auf Augenhöhe
erzogen. »Ihm wurde von klein auf mitgegeben, dass seine
Meinung wichtig und wertvoll ist. Er musste deswegen auch
nie rebellieren oder mit dem Elternhaus brechen«, erzählt
eine langjährige Wegbegleiterin. Auch Kurz sagt über seine
Eltern, sie hätten ihm immer viel Freiraum gegeben, schon

als Jugendlicher habe er kommen und gehen können, wann er wollte, und seine Familie sei stets hinter ihm gestanden. Das sei das Fundament, auf dem die Person Kurz aufbaue, sagt eine Freundin, die nicht namentlich genannt werden möchte. »In seiner Familie wurde die Basis dafür gelegt, dass er mit so viel Selbstvertrauen durch die Welt geht.«

Auch als Außenminister pflegt Kurz sein Familienleben, verbringt seine Geburtstage in Niederösterreich im Kreise seiner Familie. Es wird gemeinsam gegrillt und zu seinem 31. Geburtstag bekam Kurz sogar von seiner kleinen Nichte einen selbst gebackenen Kuchen und von den Eltern eine neue Bergsteigerausrüstung. Auch Weihnachten feiert er bis heute noch ganz traditionell mit Eltern und Lebensgefährtin auf dem Bauernhof der Oma im Waldviertel.

Zu seinem Privatleben hielt sich Kurz bis vor kurzem äußerst bedeckt. »Weder meine Eltern noch meine Freundin haben ein Interesse, in der Öffentlichkeit zu sein«, erklärte der Außenminister. Selbst in seinem Büro im Außenministerium stehen keine Bilder seiner Liebsten auf dem Schreibtisch. Er hat dort zwar ein Album mit Fotos von seiner Familie, dieses ist aber im Bücherregal versteckt. Auch als er im Wahlkampf in die Ö3-Radiosendung »Frühstück bei mir« geladen wurde, servierte er Kaffee und Kipferln nicht wie die meisten anderen Promi-Gäste zu Hause, sondern deckte den Frühstückstisch im Außenministerium.

Erst einen Monat vor der entscheidenden Nationalratswahl 2017 öffnete er die Türen zu seinem privaten Umfeld, aber auch das immer nur so, dass er die Kontrolle behielt. Gemeinsam mit der auflagenstarken *Kronen Zeitung* besuchte Kurz seine 89-jährige Oma, die im tiefsten Waldviertel auf einem Vierkanthof lebt. Die Großmutter stammt ursprünglich aus Ungarn, die Mutter versteht die Sprache noch ein bisschen, Enkel Sebastian wächst hingegen bereits vollkommen assimiliert ohne ein Wort Ungarisch auf. »Könnte ich es, wäre es natürlich ein Vorteil für mich«, sagte Kurz 2011.

Kurz ist damit streng genommen Neoösterreicher in dritter Generation. Die Oma kam während des Zweiten Weltkrieges ins Land und heiratete einen Waldviertler, Kurz' Großvater.

Auf dem Zogelsdorfer Bauernhof gab es, als Kurz ein Kind war, noch Pferde, Kühe, Schweine und Hühner. Hier verbrachte er seine Wochenenden und die Ferien, hier drehte er mit dem Rad seine Runden auf dem Hof, hier hatte er Hund »Tasso«, Katzen, Meerschweinchen und sogar eine Ziege und hier veranstaltete er mit seiner gleichaltrigen Cousine Marlene Wasserschlachten. Im nahe gelegenen Burgschleinitz verdiente der Jugendliche als Tennistrainer sein erstes Geld.

Die Familie Kurz ist keine, die ihren Wohlstand von Generation zu Generation weitervererben konnte, sondern sie musste sich mit viel Ehrgeiz, Anstrengung und Sparsamkeit eine sichere Existenz aufbauen. Dieses Leistungs-Mantra, das Kurz zeit seiner politischen Karriere vor sich herträgt, hat er sich wohl nicht nur von seiner fleißigen Großmutter, sondern auch von seinen Eltern abgeschaut.

Vater und Mutter stammen vom Land. Papa Josef wuchs in Wetzleinsdorf auf, einer kleinen niederösterreichischen Gemeinde mit nur 216 Einwohnern, etwa vierzig Minuten von Wien entfernt. Dort, von wo Mutter Elisabeth herkommt, in Zogelsdorf im Waldviertel, ist auch nicht viel mehr los. Genau 158 Einwohner und Einwohnerinnen zählt der Ort und eine davon ist die 89-jährige Magdalena, Oma von Sebastian Kurz. Mehrmals pro Woche pendelt die Tochter neben ihrem Job aus Wien hierher, um die pflegebedürftige alte Dame zu unterstützen. Auch Kurz' Tante Maria Magdalena Nödl ist berufstätig und sozial engagiert. Die Diplompädagogin und Begründerin der Neuen Mittelschule in Eggenburg hat drei Kinder und ist nebenbei begeisterte Chorleiterin von gleich mehreren Chören in der Region. Sie erinnert sich an ihren Neffen als ein »sehr talentiertes, lebhaftes Kind, sehr interessiert an allem«, das dann »natürlich sehr viel Ehrgeiz im Laufe seines Lebens entwickelt hat«. Die Familie Kurz ist jedenfalls eine der starken, arbeitenden und engagierten Frauen.

Die Eltern von Sebastian Kurz sind beide bis heute berufstätig. Mutter Elisabeth unterrichtet Deutsch und Geschichte in einem Gymnasium in Alterlaa in Wien. 2014 wurde ihr der Titel »Oberstudienrätin« verliehen. Vater Josef ist technischer Manager in einer Firma mit Sitz in Belgien, und das, obwohl er schon 67 Jahre alt ist und längst in Pension sein könnte.

An den Wochenenden und im Sommer geht es zur Oma aufs Land. Erst als Teenager verlässt der heutige Außenminister zum ersten Mal Österreich. Aber auch da fallen die Reisen durchaus bescheiden aus. Es geht an die italienische Riviera oder nach Griechenland. Bis heute geht er das Thema Reisen privat sehr traditionell an. Zu den Lieblingsreisezielen von Kurz und seiner Freundin zählen der Gardasee, ein Surferparadies, und Kroatien.

Prägendes Vorbild ist für Kurz seine Oma, mit der er viel Zeit verbrachte. »Sie hat mir Disziplin und viel Liebe mitgegeben«, sagte Kurz vor der Wahl in einem Interview mit der *Kronen Zeitung.* »Ich habe sie eigentlich immer nur arbeitend erlebt. Sie ist nie ruhig gesessen und hatte auch nie Urlaub.« Seine Hymne an die Oma verknüpft der Neo-ÖVP-Chef auch gleich mit einer politischen Forderung: »Das ist die Generation, die unser Land nach dem Krieg mit viel Fleiß aufgebaut hat, der wir unseren Wohlstand verdanken.« Deshalb müsse es »einen Unterschied machen, ob man ein Leben lang etwas für das Land geleistet hat oder noch nie ins System eingezahlt hat. Unser Sozialsystem muss vor zu viel Zuwanderung geschützt werden.«

Nicht nur die Oma ist fleißig. Auch die Eltern arbeiten viel und sparen brav. In den 1990er-Jahren können sie sich eine Eigentumswohnung in Meidling leisten. Kein herrschaftlicher Altbau mit Stuck an den Decken, sondern eine Wohnung in einer Neubauanlage, ein »besserer Plattenbau«, wie die *Kleine Zeitung* schreibt. Klein, aber mein, ein Eigentum, das sich die Eltern für sich und ihren einzigen Sohn hart erarbeitet haben. Ähnlich macht es Kurz junior. Auch er erklärte im Wahlkampf, von seinem 17 600-Euro-Bruttogehalt als Außenminister spare er den Großteil und gebe nur wenig aus.

Mit seiner Langzeitfreundin Susanne Thier, »Susi« gerufen, wohnt Kurz seit Jahren gleich ums Eck von den Eltern. Die beiden kennen einander seit Schulzeiten. Als sie beide 18 Jahre alt waren, sind sie bei einer privaten Silvesterfeier zusammengekommen und seitdem mit zwei Unterbrechungen ein Paar. Über Susanne Thier ist wenig bekannt. Sie scheut die Öffentlichkeit. Sie hat in Wien Wirtschaftspädagogik studiert und arbeitet in der Öffentlichkeitsabteilung des Finanzministeriums. Ihr Chef ist der Wiener ÖVP-Politiker Johannes Pasquali, der 2004 von den Freiheitlichen zu den Christlich-Sozialen gewechselt ist. Über seine Freundin sagte Kurz, der anscheinend ein Faible für Astrologie hat, einmal: »Sie ist Stier im Sternzeichen, weiß, was sie will.«

Und sie erledigt, wie Kurz in einem anderen Interview erklärte, den Großteil der Arbeit im gemeinsamen Haushalt. Die Freundin sei zwar Besitzerin des gemeinsamen Autos, bei Ausflügen, erklärte Kurz, »da sitze dann aber schon ich am Steuer«.

Als Kurz Vorsitzender der jungen ÖVP war, da tauchte Freundin Susanne noch bei den Jugendpartys auf. Seit er aber in der Regierung Karriere macht, hält sie sich meist von der Öffentlichkeit fern. »Susanne ist sehr eigenständig und durchsetzungskräftig«, sagte Kurz vor einigen Jahren zu Beginn seiner Karriere als Integrationsstaatssekretär. »Meine Mutter bestärkt sie noch darin. Gestern stand sie plötzlich im Ministerium, weil sie mit mir unbedingt die Oster-Planung besprechen musste.« Nur ganz selten, etwa beim Ball des Bauernbundes, trat sie an der Seite von Kurz auf.

2017 unterstützte sie Kurz erstmals offiziell im Wahlkampf. Als dieser zum neuen ÖVP-Chef gewählt wurde, saß

Thier mit dessen Eltern in der ersten Reihe. Kurz wurde mit 98,7 Prozent zum neuen Parteichef gewählt, drückte nach der Wahl seiner Freundin erleichtert einen Kuss auf die Lippen – und schon fand diese sich auf den Titelblättern der Boulevardzeitungen wieder. »So zärtlich küsst neuer ÖVP-Chef Sebastian Kurz«, lautete die Schlagzeile.

Lange Zeit galt der junge Mann mit den stets nach hinten gegelten Haaren, den adretten weißen Hemden und Designerjeans und der leicht nasalen Aussprache in der Öffentlichkeit als klassischer Schnösel, dem Medien regelmäßig fälschlicherweise unterstellten, im Nobelbezirk Hietzing aufgewachsen zu sein. Im besten Fall ging der brave Kurz als idealer Schwiegersohn durch, im schlechteren als verzogenes Bürgerkind, das mit dem goldenen Löffel im Mund zur Welt kam. Als Kurz im September 2017 auf dem Kurznachrichtendienst Twitter schrieb, »Für junge Menschen ist Eigentum die beste Maßnahme gegen Altersarmut«, wurde er vom Wiener Bürgermeister Michael Häupl (SPÖ) gleich als Kopie der hartherzigen französischen Königin Marie-Antoinette geschmäht, der der Satz, wenn der Pöbel kein Brot habe, soll er eben Kuchen essen, nachgesagt wird.

Aber kaum strebte Kurz auch nach außen hin sichtbar an die Macht, kramte sein Umfeld jene Geschichten hervor, die Kurz als Kind aus einfachen Verhältnissen zeigten, als einen, der am eigenen Leib erfahren habe, was Not bedeute. Er sei geprägt durch den »Alltag im Gemeindebau im sozialistisch geführten Arbeiterbezirk«, schrieb die *Kronen Zeitung* kurz vor der Nationalratswahl – wohl durchaus zur Freude der schwarz-türkisen Spindoktoren.

So berührend die Erzählung vom Underdog, der es zum Parteichef schaffte, klingt, so falsch ist sie. Die Familie Kurz kommt nicht aus dem Gemeindebau. Auch sein Heimatbezirk Meidling ist mehr als ein klassischer Arbeiterbezirk. Zwar hatte der Stadtteil von 1945 bis 1946 einen kommunistischen und seitdem durchgehend einen sozialdemokratischen Bezirksvorsteher, doch neben dem Meidling der Gemeindebauten, der Handyshops und Kebabhütten gibt es aber auch das gutbürgerliche Meidling, das sogenannte »Obermeidling« mit seinem Tivoli, das bis 1890 gar nicht zu Wien gehörte. Aufgrund seiner Nähe zu Schloss Schönbrunn, dem Sommersitz der Habsburgermonarchie, siedelte sich hier schon zur Kaiserzeit das Bürgertum an. Bis heute hat die konservative Volkspartei einen Anker in Meidling. Im »Springer-Schlössl« ist die Parteiakademie untergebracht, dort hielt Kurz seine erste Pressekonferenz als designierter neuer ÖVP-Chef ab. Das kleine Schlösslein gehörte einst dem »Oberstgartenmeister« von Schloss Schönbrunn.

Auch davon, dass sein Vater einmal arbeitslos war, erzählte Kurz erst im vergangenen Wahlkampf. Der Elektrokonzern Philips, für den Josef Kurz 32 Jahre lang gearbeitet hatte, verlegte Anfang der 2000er-Jahre sein Wiener Werk nach Asien. Vater Kurz, damals schon über fünfzig Jahre alt, und dessen Kollegen standen von einem Tag auf den anderen auf der Straße. Normalerweise geht es von dort direkt in die Langzeitarbeitslosigkeit. Wer mit über fünfzig Jahren den Job verliert, gilt in Österreich als kaum noch vermittelbar. Oft zerbrechen Familien an solchen Krisen. Nicht die Familie Kurz. Die hält zusammen. Auch wenn Sebastian Kurz sich später in Interviews daran erinnert, wie einschränkend er es als Jugendlicher erlebte, dass die Familie plötzlich jeden Euro zwei Mal umdrehen musste. Der Vater gibt aber nicht auf. Er schreibt so lange Bewerbungen, bis er nach 15 Monaten Arbeitslosigkeit schließlich doch eine Firma findet, die auch einem über 50-Jährigen eine Chance gibt. Viele Kollegen aus Philips-Zeiten schaffen es hingegen nicht, noch einmal Arbeit zu finden. »Ich bin echt stolz auf ihn, dass er sich damals nicht hat entmutigen lassen und wieder einen Job gefunden hat«, sagt Kurz dazu. »Ich weiß, dass dieses Schicksal viele Menschen trifft und nicht alle am Ende das Glück haben.«

Es gab also auch in der Familie Kurz schlechtere Tage. Der von seinen Einflüsterern zuletzt gerne vermittelte Eindruck des ambitionierten Arbeiterkindes, das es aus eigenen Stücken in die bürgerliche ÖVP verschlagen habe, ist trotzdem ein Mythos – auch wenn Kurz schon kurz nach seiner Angelobung als Integrationsstaatssekretär 2011 erklärte: »Ich habe weder Ärzte noch Rechtsanwälte in meiner Familie, keine reichen Eltern, meine Großeltern kommen teilweise aus bäuerlichem Milieu. Ich lebe noch in Meidling.« Die Familie Kurz war durchaus bürgerlich geprägt.

Das beginnt bei der Oma, einer Bäuerin aus dem tiefschwarzen Niederösterreich, einem der wichtigsten Bundesländer für die Volkspartei. Dort, wo bis vor kurzem Langzeitlandeshauptmann Erwin Pröll absolut regierte, ist der Bauernstand das Rückgrat der Konservativen. Väterlicherseits gehen die Verbindungen in die ÖVP noch weiter. Johann Kurz, der Großonkel von Sebastian Kurz, besuchte in Wien das Priesterseminar. 1974 kehrte er nach Niederösterreich zurück und gründete als Rektor gemeinsam mit dem damaligen Religionslehrer Hans Hermann Groër das Erzbischöfliche Seminar in Hollabrunn. Groër wurde später Erzbischof von Wien und musste 1995 zurücktreten, nachdem öffentlich wurde, dass er in dieser Knabenschule jahrelang Schüler sexuell missbraucht hatte.

Die katholische Kirche ist ein wichtiger Pfeiler, auf dem die Konservativen in Österreich aufbauen. Auch Kurz ist praktizierender Katholik, besucht regelmäßig Gottesdienste, wenn auch lieber in der Abend- statt in der Morgenmesse, verrät der bekennende Morgenmuffel, der frühmorgens regelmäßig in Stress verfällt, weil er am liebsten bis zur allerletzten Sekunde im Bett bleibt. 2016 nahm er beim österreichischen »Marsch für Jesus« in Wien teil, der als eine Art konservatives Afterwork-Programm zeitgleich zur Loveparade für die Rechte von Homosexuellen stattfand. Kurz dankte auf diesem Christen-Marsch in einer Rede den christlichen Kirchen für ihr gesellschaftliches Engagement. Die Caritas, die christliche Nächstenliebe, wurde auch in der Familie Kurz gelebt. In den 1990er-Jahren nahmen die Eltern von Kurz

Kriegsflüchtlinge aus dem damaligen Jugoslawien auf und brachten sie auf dem Bauernhof der Oma unter.

Obwohl katholisch, ist Kurz aber nicht in allem mit der Kirche auf Linie. Zum Beispiel beim Thema Homosexualität. Zur Frage, ob es Homosexuellen erlaubt sein soll, einen Bund fürs Leben einzugehen, erklärte Kurz 2009, damals noch Jugendvertreter: »Wenn zwei Menschen füreinander Verantwortung übernehmen wollen, dann sollen sie das tun können, egal welches Geschlecht sie haben.« Im Wahlkampf 2017 trat Kurz dann wieder gegen die Homo-Ehe auf, im Wissen, dass die wenigen, noch bestehenden Diskriminierungen zwischen homo- und heterosexuellen Paaren demnächst vom Verfassungsgerichtshof aufgehoben werden und sich das Thema von selbst erledigen würde. Warum es also zum Reizthema für konservativere Wähler machen, die er gewinnen wollte?

Dafür teilte er beim Thema Abtreibung schon als Jugendvertreter die kirchliche Position. »Bin alles andere als ein Fan davon. Sein Kind zur Adoption freizugeben ist im Zweifelsfall noch die bessere Lösung als es wegmachen zu lassen«, erklärte Kurz im Jahr 2009.

Eines ist Kurz ganz sicher nicht: ein Feminist. Er gehört einer Generation an, für die Gleichberechtigung so selbstverständlich ist, dass sie es nicht mehr für notwendig hält, sich extra darum zu kümmern. Im Wahlkampf gab er an, die neue ÖVP unterscheide nicht zwischen den Geschlechtern und mache keine Extra-Frauenpolitik. Als Kritik an Kurz' Wahlkampfidee eines 1500-Euro-Steuerbonus pro Kind aufkam, weil davon natürlich nur jene Väter und Mütter profitieren, die entsprechend gut verdienen und Lohnsteuer zahlen, also Alleinerzieherinnen gar nichts davon hätten, meinte Kurz: »Neunzig Prozent der Kinder, die bei ihren alleinerziehenden Müttern leben, haben Väter, die bekannt sind.« Dann sollen doch die den Bonus an ihre Exfrau weitergeben.

Der Vater von Sebastian Kurz besucht die erzbischöfliche Schule in Hollabrunn, die der Onkel leitet, ist noch ein halbes Kind, als er dort ins Internat einzieht. Später wechselt er auf die Höhere Technische Lehranstalt in Mödling. Ein Bruder von Josef Kurz war für die ÖVP Bürgermeister im niederösterreichischen Wetzleinsdorf. Nun ist Josef Zimmermann, der Cousin von Sebastian Kurz, in der Gemeinde Großrußbach ÖVP-Bürgermeister. Er war 2015 am Grenzübergang Nickelsdorf auch für das Rote Kreuz als Flüchtlingshelfer tätig. Um vier Uhr früh sei er damals mit einem Kollegen aus dem Waldviertel zur Grenze losgefahren, erzählt der ÖVP-Politiker und Rotkreuz-Mitarbeiter damals der Tageszeitung *Österreich*: »Wir wollten helfen!«

Über sich selbst sagte Kurz 2012, »ich bin ein urbaner Typ«. In seinem äußerst spartanisch eingerichteten Büro als Integrationsstaatssekretär hing ein Poster mit der Skyline von New York an der Wand. Durch das viele Hin und Her zwischen der Großstadt Wien und dem Landleben bei der Großmutter ist Kurz aber in beiden Welten zu Hause. Dass er sich in der Stadt und auf dem Land heimisch fühlt, half seiner Karriere. Obwohl in der urbanen Wiener ÖVP politisch sozialisiert, war es besonders die niederösterreichische Volkspartei, die ihm bei seinem Marsch an die Spitze half. Und das schon von Beginn an.

Kapitel 3

Freiheit

»Schwarz macht geil« steht auf den Lutschgummis, die der junge Mann im weißen Hemd verteilt. »Wollt ihr schauen, wie geil ihr seid? Das geht ganz schnell!«, versprechen fesche Mädels in knappen Leder-Hotpants. Schon zieht ÖVP-Jugendkandidat Sebastian Kurz das Handy aus der Tasche. Auf dem iPhone hatten die Jungkonservativen damals einen »Geilomat« installiert, berichtete die Tageszeitung *Die Presse*, »der testet, wie geil man ist. Und die Auflösung ist der Geilmacher-Gummi zum Lutschen. Und ganz geil ist man, wenn man die ÖVP wählt.«

Es ist der Wiener Gemeinderatswahlkampf des Jahres 2010. Das schwarze »Geil-o-Mobil«, mit dem Kurz und seine Junge ÖVP (JVP) unterwegs sind, ist ein Fahrzeug der US-Marke Hummer, 3000 Kilogramm, fast vierhundert PS und ein 120-Liter-Tank. Vor der Disco »Praterdome« im Wiener Vergnügungspark Prater, vor dem etwas nobleren Club »Passage« bei der Wiener Ringstraße oder vor dem Nachtklub »Moulin Rouge« in der Wiener Innenstadt, das die ÖVP-Jugendfunktionäre kurzerhand in »Moulin Noir« umbenannten, fuhren die jungen Konservativen mit ihrem Riesengefährt auf. Fünfhundert Jungschwarze sind ehrenamtlich unterwegs, begleitet von »Geilmachern« als Wahlkampfgeschenk. Die JVP war damals antizyklisch unterwegs. Denn als sie ihr Geil-o-Mobil für laut Schätzungen etwa 10 000 Euro für einen Monat mietete, stellte der US-Konzern General Motors die Produktion dieser fetten Automobile gerade ein. Zu martialisch im Aussehen, zu hohe Benzinkosten, das sei einfach nicht mehr zeitgemäß, erklärte der Autokonzern damals. Aber Kurz, der Erfinder dieses Geil-Jugendwahlkampfes, wollte auffallen, um jeden Preis. Der 24-Jährige wollte Politik »in der Sprache von jungen Leuten« machen.

Für Kurz ist damals alles nur geil. »Geile Idee – Auftragsvergabe der Stadt an Einhaltung der Ausbildungsverpflichtung knüpfen«, »Geile Idee – Lebensverdienstkurve endlich abflachen«, »Geile Idee – Parks dürfen keine Ziergärten sein« oder auch »Gar nicht geil – Pensionsharmonisierung noch immer nicht durchgesetzt«: So lauteten die Titel der Presseaussendungen des Jungkonservativen. »Der Wahlkampf wird geil werden, weil jeder weiß in der Jungen ÖVP, Schwarz macht geile Politik, Schwarz macht geile Partys und Schwarz macht Wien geil«, sagte Kurz damals beim Wahlkampfauftakt seiner Kampagne. Als Chef der Jungen ÖVP war Kurz ziemlich bemüht darin, den Terminus »geil« aus der Jugend- in die Politiksprache zu transferieren.

Rückblickend gesehen, war das das erste »Branding«, das sich Kurz gab – zwar ziemlich peinlich, aber es funktionierte. Schon damals war sein späterer Kampagnenberater, Philipp Maderthaner, mit an Bord. Parteichef Josef Pröll hatte den Marketingexperten der Parteizentrale an die Wiener ÖVP ausgeliehen, um den urbanen Bürgerlichen zu helfen. Dabei konzipierte er auch Kurz' »Geil«-Tour mit. Über Kurz' Geil-o-mobil-Tour sagte sogar FPÖ-Chef Strache damals: »Die Person Kurz ist inhaltlich dahingehend zu beurteilen, dass die Person Kurz einen sehr, sehr peinlichen Wahlkampf für die Wiener ÖVP zu verantworten hat.« Auch wenn Kurz selbst inzwischen nicht mehr ganz so löblich über die damaligen Aktionen spricht, das Etikett »Geil« ist hängen geblieben. Und das muss man als Nachwuchskonservativer in der roten Hochburg Wien auch erst einmal schaffen.

Allerdings war das Wahlergebnis für die Wiener ÖVP dann gar nicht so »geil«. Die Konservativen verloren in der Bundeshauptstadt fast 4,8 Prozentpunkte und kamen nur mehr auf 13,99 Prozent. Dem Jungpolitiker Kurz schadete das nicht. Er zog als neuer Abgeordneter in den Wiener Gemeinderat ein. Es war der erste Höhepunkt einer damals schon steilen Karriere in der »JotVauPe«, wie die Jungschwarzen die Jugendorganisation JVP aussprechen.

Kurz trat der JVP ausgerechnet im Jahr 2002 bei, kurz nachdem die schwarz-blaue Koalition implodierte und Neuwahlen angesetzt wurden. Er ist damit ein echtes Kind der »Wende«, wie die Jahre zwischen 2000 und 2006 genannt werden. Es ist eine Phase, in der in Österreich erstmals so etwas wie eine neoliberale Hegemonie zu entstehen beginnt und die Regierung bewusst den Bruch mit den klassisch-österreichischen Politiktraditionen sucht. Große Koalition, Konsenskultur, Sozialpartnerschaft, Wohlfahrtsstaat – alles wird in Frage gestellt. Fortschrittlich ist mit einem Mal, wer auf eine private Pensionsvorsorge setzt statt sich auf die staatliche Rente zu verlassen. Modern ist, wer Aktien kauft anstatt einen Bausparvertrag abzuschließen. Statt in der »sozialen Hängematte« zu liegen, sollen die Bürger selbstständig mehr leisten. Die ÖVP träumt von einer »Bürgergesellschaft«, die die Aufgaben des Sozialstaates übernimmt oder zumindest ergänzt. Sich auf die Gemeinschaft verlassen ist altmodisch. Der Staat wird als überreguliert und bevormundend gesehen. Das Ideal ist der freie, motivierte und aktive Bürger, der sich um sich selbst kümmert und den Staat nur mehr im Notfall braucht. »Freiheit war für Sebastian Kurz von Anfang an ein ganz wichtiger Begriff«, erzählt ein Wegbegleiter. Freiheit, wie sie im konservativen Spektrum interpretiert wird: als Selbstverwirklichung des Individuums, im Gegensatz zum Gemeinschaftsdenken des Kollektivs.

2002 war ein spannendes Jahr. Kanzler Wolfgang Schüssel, der damalige ÖVP-Chef, hatte zwei Jahre zuvor mit den Freiheitlichen erstmals eine Partei der extremen Rechten in eine Regierung geholt und versetzte damit halb Europa in Aufregung. Die 14 EU-Mitgliedsstaaten beschlossen bilaterale Maßnahmen gegen Österreich, die sogenannten Sanktionen. Über sieben Monate hinweg herrschte diplomatische Eiszeit. Die bilateralen Beziehungen zwischen Österreich und den restlichen Ländern wurden eingestellt, Botschafter wurden nur mehr auf »technischer Ebene« empfangen. Österreich, das erst vor fünf Jahren der Union beigetreten war und sich als Herz Europas selbst bewarb, war plötzlich ein Paria, das Schmuddelkind Europas. Internationale Zeitungen berichteten in langen Reportagen über Österreichs braune Vergangenheit, die unbewältigte Nazi-Zeit und stellten die schwarzblaue Regierung als Vorboten einer rechtsextremen Wende dar. Teilweise neigten die Darstellungen zur Übertreibung und Schüssel, ein kluger Stratege, nutzte die Empörung im Land, um einen »nationalen Schulterschluss« gegen die Anwürfe aus dem Ausland zu schmieden.

In den Nullerjahren war Politik plötzlich wieder aufregend wie nie, ganz anders als in den 15 Jahren großkoalitionärer Fadesse (wenn auch Verlässlichkeit) zuvor. Was »linke« und was »rechte« Politik ist, das war mit einem Mal wieder spürbar. Schmerzlich für jene, die gegen Schwarz-Blau waren und den Sozialabbau und die soziale Kälte der Wenderegierung anklagten. Triumphierend für die anderen, die endlich ihr Credo von »Weniger Staat, mehr Privat« umgesetzt bekamen. Gegen die schwarz-blaue Koalition marschierten jeden Donnerstag Demonstranten auf, die Proteste waren so heftig, dass die Regierung zur Angelobung nicht wie üblich die kurze Strecke über den Ballhausplatz vom Kanzleramt zur Präsidentschaftskanzlei in der Hofburg spazierte, sondern einen unterirdischen Verbindungsgang nehmen musste. Eine ganze Generation junger Menschen wurde damals politisiert – links wie rechts. Die Frage, ob an Österreichs Universitäten Studiengebühren eingeführt werden sollten oder nicht, emotionalisierte besonders.

Kurz zählt zu denen, die sich für rechts begeisterten. Erst recht, als die Regierung 2002 fürs Erste einmal scheiterte und Schüssel bei der darauffolgenden Nationalratswahl mehr als fünfzehn Prozentpunkte dazugewann und die ÖVP erstmals seit 1970 mit 42,27 Prozent der Wählerstimmen wieder klar stärkste Kraft im Land wurde. Damals wollte Kurz, gerade einmal 16 Jahre alt, Mitglied der Jungen ÖVP werden. Beim ersten Mal allerdings vergebens.

Dabei hatte ihn Politik schon viel früher interessiert, erzählt er zumindest. »Ich habe mir schon mit zwölf Jahren als Zeitungsleser einen Überblick verschafft«, beschrieb Kurz vor einigen Jahren seinen Weg in die Politik. Später korrigierte er: »Ich habe mit 16 Jahren begonnen, mich für Politik zu interessieren.« Die Geschichte des polit-affinen, zeitungs-lesenden Noch-nicht-einmal-Teenagers, der sich bereits im zarten Alter von zwölf mit dem politischen Tagesgeschehen beschäftigte, klang vielleicht doch etwas zu aufgesetzt.

Der Erstkontakt mit der Partei seiner Wahl war so enttäuschend, dass Kurz ihn später immer wieder zum Besten gab. Als Warnung und Witz gleichzeitig, an seine Partei und ihre verkrustete Bürokratie. Als der 16-jährige Schüler bei der Meidlinger ÖVP anrief, wurde er nämlich »regelrecht abgewimmelt«. Es habe geheißen, »komm wieder, wenn du studierst«, erinnert sich der ÖVP-Chef. Also habe er sich »halt wieder auf Schule, Party, Tennis konzentriert«, sagt Kurz.

Das stimmt nicht ganz. Kurz gab nicht sofort auf. Er probierte es ein zweites Mal, diesmal bei der ÖVP Innere Stadt. Dort wurde er von Markus Figl, dem Großneffen des Staatsvertrags-Kanzlers und heutigen Bezirksvorsteher der Wiener Innenstadt, unter die Fittiche genommen. Figl, mehr als ein Jahrzehnt älter als Kurz und damals Vorsitzender der Jungen Volkspartei im 1. Bezirk, war der Erste, der das politische Talent von Kurz erkannte und er wurde dessen erster Mentor. »Er interessierte sich für alles« und habe »Informationen aufgesogen wie ein Schwamm«, erzählte Figl später einmal begeistert der *Kleinen Zeitung*. Das erste politische Projekt, bei dem Kurz im 1. Bezirk mitmachte, war der Versuch, in der Inneren Stadt mehr Barrierefreiheit durchzusetzen, damit sich auch Menschen im Rollstuhl alleine durch die Wiener Altstadt bewegen können.

Warum landete Kurz ausgerechnet bei der ÖVP und nicht etwa bei den Grünen oder der SPÖ? Die ÖVP habe ihm schon als Junger gefallen, denn »mir war Eigenverantwortung immer wichtig«, begründete Kurz einmal seine Parteiwahl. Die Politik lernte Kurz als Erstes über die bürgerliche Tageszeitung *Kurier* kennen, von der die Familie Kurz stets ein Abo hatte. Dazu lagen bei Kurz zu Hause auch verschiedene Wochenzeitungen auf. »Politisch geprägt wurde er wohl in der Kirche und in seinem guten Elternhaus«, erzählte Kurz' ehemaliger Geografie-Lehrer Edwin Fichtinger der *Wiener Zeitung*. Fichtinger erinnerte sich an einen höflichen, freundlichen und sehr fleißigen jungen Mann, ein echtes Arbeitstier. »Er war sehr höflich, sehr sozial. Ein angenehmer Schüler«, sagte sein Geschichtelehrer Martin Neubauer der *Kleinen Zeitung*. Er maturierte in Geschichte in einem selbst gewählten Spezialgebiet: politische Parteien in der Zeit Kaiser Franz Josephs. Dafür musste er »Parteiprogramme lesen und eine Rede aus der Sicht eines französischen oder deutschen Offiziers zum Vertrag von Versailles halten.« Und er schrieb eine Fachbereichsarbeit für die Matura über den Generationskonflikt.

In der siebten Klasse gründete Kurz mit ein paar Schulkollegen auch im Rahmen eines Wahlpflichtfaches ein Nachhilfe- und Betreuungsunternehmen für Volksschulkinder. Kurz war Geschäftsführer und Marketingleiter. Ein Foto zeigt den damals 16-Jährigen im schwarzen Anzug mit oranger Krawatte vor seinen Mitschülern bei einer Präsentation. »Er hat damals in kurzer Zeit große rhetorische Fortschritte gemacht und bewiesen, dass er delegieren kann«, erinnert sich sein Geografielehrer, »ich dachte eigentlich, er geht einmal in die Wirtschaft.«

Mit der Wahl seiner Partei lebte Kurz in Wien in einer Minderheit. Als auf Bundesebene Schwarz-Blau regierte, gerierte sich die Bundeshauptstadt als eine Art Trutzburg gegen die Übermacht von ÖVP und FPÖ auf Bundesebene. Bei der Wien-Wahl 2001 erreichte die SPÖ mit 46,91 Prozent wieder die Absolute, die sie im Jahr 1996 erstmals seit 1945 verloren hatte.

Kurz entscheidet sich gegen die Donnerstagsdemos und für den Slogan »Wer, wenn nicht er«, den der schwarz-blaue Wendekanzler und ÖVP-Chef Wolfgang Schüssel rot-weiß-rot unterlegt auf seine Wahlplakate drucken ließ. Kurz setzte also schon als Junger auf den Sieger. Die ÖVP war am 24. November 2002, dem Wahlabend, der FPÖ weit überlegen, steigerte ihr Wahlergebnis um mehr als 15 Prozentpunkte und wurde mit 42,27 Prozent klarer Wahlgewinner.

Die ersten Jahre in der Jungen ÖVP blieb Kurz recht unauffällig. Danach macht er eine Blitzkarriere: Im März 2008 wird er Obmann der Jungen ÖVP Wien, nur ein Jahr später, im Juni 2008 löst er die damalige schwarze Nachwuchshoffnung Silvia Fuhrmann ab und wird Bundeschef der jungen Konservativen. Nur die JVP Vorarlberg enthielt sich damals der Stimme. »Kurz wollte damals unbedingt Chef der Jungen ÖVP werden«, erinnert sich ein ehemaliger Parteiobmann, »das war ihm sehr, sehr wichtig und er hat alles dafür getan. Für mich ist das ein Schlüsselmoment seiner Karriere.« Aus Vorarlberg drohte damals aber Konkurrenz. Ein Jungkonservativer aus dem Ländle wollte ebenfalls Chef werden. Kurz wollte wiederum keine Kampfabstimmung. Also schaffte er schon im Vorfeld eine Einigung. Es gab keinen Gegenkandidaten aus Vorarlberg, dafür enthielten sich die Vorarlberger bei der Wahl von Kurz an die JVP-Spitze. Schon damals zeigte sich ein Grundmuster in Kurz' Verhalten. Er hat es gerne harmonisch, er geht in keine Schlachten, die er nicht gewinnen kann, und er will keine verbrannte Erde hinterlassen. Kurz möchte allen gefallen und bei niemandem anecken – und genauso legte er auch seine Rolle als Jungschwarzer an.

Kurz' Vorgänger nutzten die JVP nur als Spielwiese, als einen Posten von vielen auf dem Weg nach oben. Kurz hingegen nahm die JVP und funktionierte die früher eher lasche und nicht sehr schlagkräftige Organisation zu seiner Machtbasis in der Partei um. Das war weitsichtig gedacht. Denn anders als der Wirtschafts-, Bauern- oder Arbeitnehmerbund sind die JVPler später einmal überall in der Partei anzutreffen. In allen Ländern, in allen Bünden, in allen Organisationen. Sie sind im Grunde das perfekte Netzwerk, wenn man es zu nutzen versteht. Und sie verschwenden seit Kurz ihre Energie nicht mehr auf Reibereien mit den Altvorderen, sondern konzentrieren sich aufs Netzwerken und Karrierebasteln. Damit die inzwischen laut eigenen Angaben 100 000 JVP-Kontakte später einmal nicht verloren gehen, gründete Kurz im Jahr 2015 den Club 35, den JVP-Alumni-Verein. Wer älter als 35 ist, muss nämlich laut Statut aus der JVP austreten. 100 Euro kostet der Jahresbeitrag zum »Club 35«, eine erkleckliche Summe, die der JVP zugutekommt. Der Club 35 wird von der ehemaligen JVP-Niederösterreich-Chefin Bettina Rausch geführt, die auch stellvertretende Präsidentin in der ÖVP-Parteiakademie ist. Sie ist eine alte Bekannte von Kurz, sagte 2011 in einem Interview: »Auf den ersten Blick wirkt er wie ein Schickimicki-Typ. Man muss ihn auf den zweiten Blick kennenlernen.« Ihre Schwester Kristina Rausch ist für alle Social-Media-Aktivitäten von Kurz verantwortlich, Kurz-Vertrauter Axel Melchior ist Club-35-Generalsekretär. Man könnte auch sagen, die ÖVP hat einen komplett neuen Bund bekommen: den Kurz-Bund. Und er wird von Monat zu Monat mächtiger.

Schon als Jugendfunktionär holte Kurz die große Politik an den kleinen Badestrand der Jungen ÖVP auf der Alten Donau, organisierte im August 2007 eine Freiluft-Diskussion zum Thema Klimaschutz. Mit Altkanzler Wolfgang Schüssel, dem damaligen Vizekanzler Wilhelm Molterer, der langjährigen Schüssel-Vertrauten und späteren Außenministerin

Ursula Plassnik und Maria Rauch-Kallat, unter anderem ÖVP-Generalsekretärin in der schwarz-blauen Regierungszeit, waren wesentliche Vertreterinnen und Vertreter der schwarz-blauen Wendezeit der Einladung von Kurz gefolgt.

Die schwarzen Granden, die sich zu seinem Vortrag am Badestrand versammelt hatten, hielten den jungen Mann schon damals für ein politisches Talent und stießen nach der Diskussion noch mit ihm an. Dabei war Kurz nicht immer deren Meinung: Nach der Nationalratswahl 2008 sprach sich der JVP-Chef klar gegen eine Neuauflage der Großen Koalition aus SPÖ und ÖVP aus, aber auch gegen eine Neuauflage von Schwarz-Blau. »Ein Zusammengehen mit der SPÖ, aber auch mit dem rechten Lager wäre unverantwortlich«, sagte er. Die Volkspartei solle sich in der Opposition regenerieren, empfahl Kurz damals.

Wenn Kurz eines nicht ist, dann ein Kind von Traurigkeit. Er tanzte auch schon im legendären Roxy in Istanbul, einem angesagten, eher alternativen Nachtclub in der Bosporusstadt, besuchte in Wien Konzerte der britischen Rockband Muse und schlug sich in seiner Zeit in der jungen Volkspartei so viele Nächte um die Ohren, dass seine Freunde von damals meinen, es gäbe wohl kaum ein Lokal in der Stadt, das Kurz nicht kenne. »Ich bin lange unterwegs, in der Disco U4. Steh auf Rock«, sagte er einmal. Seine Eltern sind da sehr tolerant, lassen beim Sohn schon in der Jugend die Zügel locker. Auch seine Jugendgruppe feiert gerne – und das durchaus auch exzessiv. In einer Anfrage mit dem Titel »ÖVP-Komatrinkjugend« zitiert der damals noch grüne Politiker Peter Pilz aus einem Bericht der *Kronen Zeitung*: »Bei einer Massenschlägerei in Hof bei Salzburg sind in der Nacht auf Sonntag mehrere Menschen verletzt worden. Rund 30 großteils schwer Betrunkene waren in die Rauferei verwickelt. Die Polizei musste mit sieben Streifen anrücken, um die Lage wieder beruhigen zu können und die Veranstaltung vorzeitig aufzulösen, wie Polizei-Kommandant Johann Primschitz mitteilte. Als ›X-treme Party‹ hatte die Junge Volkspartei Hof zur Disco-Party in eine dafür leer geräumte Werkstatt eingeladen. Und extrem war dann vor allem der Alkoholkonsum vieler der etwa 500 Gäste.«

In ihrer Anfragebeantwortung bestätigte die damalige Innenministerin Maria Fekter, dass die Polizei im Jahr 2009 bei insgesamt 22 Feiern der Jungen Volkspartei einschreiten musste. »Bei zwei Veranstaltungen in Salzburg wurden rechtsradikale Parolen gerufen«, steht in der parlamentarischen Anfragebeantwortung. Von der Tageszeitung *Österreich* damit konfrontiert, erklärte der damalige JVP-Chef Kurz bloß: »Wo junge Leute sind, kann immer etwas passieren.«

In Wien sah Kurz damals sogar den »Virus der Jugendfeindlichkeit« grassieren, kritisierte in einer Presseaussendung den »Einsatz von Schallwaffen« vor einem Sexshop auf der Mariahilfer Straße, mit denen laut Kurz Menschen unter 25 Jahren durch sehr hohe Frequenztöne, die nur Kinder und Jugendliche hören können, vor Geschäften vertrieben werden sollen. Er hingegen wollte die Politik zu den jungen Menschen bringen. Ins U4 zum Beispiel. Die bekannte Keller-Disco in Meidling, knapp hundert Meter von der Wohnung der Familie Kurz entfernt, erhielt im November 2009 Besuch von einem Finanzminister und einer Innenministerin. Die Junge ÖVP lud in die Disco und die damaligen ÖVP-Regierungsmitglieder Josef Pröll und Maria Fekter folgen der Einladung dorthin, wo früher Falco und Nirvana ihre Gigs spielten. »Kurz-Gespräche« nennen die jungen Schwarzen die Veranstaltung, auf der JVP-Chef Kurz in schwarzen Slippers, Jeans und Hemd, aber auch ausgesprochen selbstbewusst auf der U4-Bühne seinen damaligen Parteichef Pröll fragt, wer im Hause Pröll denn die Hosen anhabe und ob dessen Kinder überhaupt noch wissen, wie der Papa aussehe, weil er als Politiker so viel unterwegs sei.

Im Gegensatz zu anderen seiner Generation waren auch in der Schule, die Kurz besuchte, im Realgymnasium Erlgasse in Meidling, Proteste gegen die schwarz-blaue Regierung unter der Schülerschaft kaum Thema. »Zu meiner Zeit wurde dort das politische Engagement gekonnt aberzogen«, berichtete einmal einer, der dort ebenfalls die Schulbank drückte, dem *Falter*. »Nach der Angelobung von Schwarz-Blau sprach ganz Österreich von der Politisierung der Jugend und selbst in der Erlgasse regten sich zaghafte Proteste – man hielt mit dem Verweis des Gebots der unpolitischen Schule den Deckel drauf.« Schuldirektorin war damals Eva Scholik, eine christlich-soziale ÖVP-Gewerkschafterin, die zwischen 2003 und 2010 sogar an der Spitze der bürgerlichen AHS-Lehrergewerkschaft stand.

Kurz scheint es aber in der Schule gut gefallen zu haben. Zumindest wurde er nach der Matura, die er mit Auszeichnung bestand, Obmann des Absolventenvereins des Gymnasiums Erlgasse.

Gleich nach dem Matura-Sommer, im Herbst 2004, absolvierte Kurz ein Praktikum in der ÖVP-Pressestelle. Danach ging es zum Bundesheer. Bis Juni 2005 leistete Kurz seinen Grundwehrdienst ab, zuerst bei der Garde auf einem Schreibtischposten in Wien. Schon als Wehrdiener beginnt er im März 2005 sein Jus-Studium am Juridicum an der Universität Wien.

Von Juli bis Dezember 2005 ist er neben dem Studium auch Praktikant der auf Wirtschaftsrecht spezialisierten Kanzlei »Fellner, Wratzfeld & Partner«, war im Februar und März 2007 Praktikant in der Kulturabteilung der österreichischen Botschaft in Washington, besuchte im Sommer danach die Juristische Sommeruni im britischen Cambridge.

Retrospektiv schmückte er seine Berufslaufbahn gerne etwas aus, etwa als er mit nur 24 Jahren, frisch als Integrationsstaatssekretär angelobt, zu Journalisten sagte: »Ich hatte schon schwierige Zeiten. Privat, es war auch herausfordernd, Arbeit, ehrenamtliches Engagement in der Politik und Studium unter einen Hut zu bringen. Ich habe mich oft aufraffen müssen und bei Gegenwind durchgehalten – gute Voraussetzungen für die jetzige Rolle.«

Das Jusstudium läuft eher nebenbei. Im Herbst 2008 sagte Kurz in einem Interview mit dem Frauenmagazin *Woman*, er möchte sein Studium bald beenden, es fehle ihm nur noch der dritte Abschnitt. Zwei Prüfungen hat er während seiner Zeit als Integrationsstaatssekretär absolviert, die letzten zwei fehlen ihm noch. Mittlerweile ist Kurz auch nicht mehr am Juridicum der Universität Wien inskribiert, sondern studiert an der Universität Linz. »Dort gibt es nämlich Jus im Fernstudium«, sagt einer seiner Mitarbeiter.

Als JVP-Chef spazierte Kurz auch ins Audimax, wollte sich 2009 selbst ein Bild von den #unibrennt-Protesten machen. Damals besetzten Studierende aus Protest gegen geplante Zugangsbeschränkungen zu den Universitäten Hörsäle. Zentrum dieser Proteste, die knapp zwei Monate dauerten, war das Auditorium Maximum »Audimax« der Universität Wien. Doch als Kurz dort auftauchte, so erzählt er, habe sich »ein Rudel Berufsdemonstranten« um ihn versammelt und gerufen, »das ist der kapitalistische JVP-Chef«. Da habe er sich gedacht, »es ist Zeit, zu gehen«. Danach forderte er die »sofortige polizeiliche Räumung des Audimax«.

Im Jahr darauf, bei der Wiener Gemeinderatswahl 2010, schafft es die Nachwuchshoffnung auf Platz drei der ÖVP-Liste. Als »Kampfansage gegen die Sprücheklopfer von rechts« wird Kurz von der damaligen Wiener ÖVP-Chefin Christine Marek im Wahlkampf präsentiert. Kurz zieht gemeinsam mit Marek in einer ÖVP-Sommertour durchs Land und bringt bei dieser Wahl auch zum ersten Mal das Thema Islam ein. Im Wahlkampf fordert er, dass in Moscheen nur mehr auf Deutsch gepredigt werden darf. Damals war die Forderung noch äußerst positiv konnotiert: Er habe Freunde mit Migrationshintergrund, die sich Predigten auf Deutsch wünschen würden, weil sie derart gut integriert seien, dass sie die Sprache der Eltern nicht mehr verstünden, erklärte der Jungpolitiker.

Als Kurz in die Schule ging, kamen in drei größeren Flüchtlingswellen etwa 115 000 Personen aus Kroatien, Bosnien-Herzegowina und dem Kosovo nach Österreich. Mehr als 60 000 dieser Flüchtlinge blieben, und sie besuchten meistens die Schulen in den weniger privilegierten Gegenden wie Meidling, wo Kurz aufwuchs. Auch in seiner Klasse gab es Flüchtlinge. Kurz war in der Erlgasse ein »Schwabo«, ein »Ur-Österreicher«, wie Migrantenkinder es nennen.

Obwohl er erst frisch von der Schule raus war, zählten aber weder Bildung noch Integration zu seinen Themen als Gemeinderat. Dafür forderte er die Abschaffung jener Regelung, nach der nur Bezirksräte, die schon zumindest fünfzig Jahre alt sind, eine Auszeichnung der Stadt erhalten können – und erhielt damit eine Abfuhr des amtierenden Wiener Bürgermeisters Michael Häupl. Er gehe davon aus, dass es für junge Leute andere Beweggründe für politisches Engagement geben sollte als Orden, sagte Häupl.

Kurz hatte viele Ideen für Wien, wollte zum Beispiel eine Magnetschwebebahn in den Außenbezirken, forderte Tische, Sessel und Liegestühle für junge Menschen in den Parks und dass die öffentlichen Grünflächen nicht um 20 Uhr geschlossen werden dürfen.

Immer wieder war Kurz als Jungpolitiker auch mit Sexismus-Vorwürfen konfrontiert. Im Büro des JVP-Chefs in der Wiener Lichtenfelsgasse hingen zum Beispiel Plakate, auf denen für die Sommertour der Jungen ÖVP geworben wurde. Darauf waren gut gebaute Blondinen in knappen Bikinis zu sehen. Als politische Botschaft hatten die fast nackten Mädchen ein ÖVP-Tattoo auf die Pobacke geklebt.

Gleich zwei von Kurz' Polit-Initiativen führte die konservative Tageszeitung *Die Presse* auf der Liste der peinlichsten Jugendkampagnen an. Neben dem »Geil-o-Mobil« war es die »24 h Verkehr in Wien«-Kampagne, die es ins Peinlichkeitsranking schaffte. »Auf einem Plakat schmachtet eine junge Frau ihren Begleiter an, dazu der Spruch: ›Wenn wir unseren

Verkehr so planen, kommen wir nie in Fahrt‹. ›Sexistisch‹, lautet das Urteil von Kritikern«, schrieb die *Presse*. In dieselbe Richtung ging ein weiteres Plakat dieser konservativen Jugendkampagne für einen 24-Stunden-U-Bahn-Betrieb an den Wochenenden. Da hält sich eine äußerst schlanke, langhaarige junge Frau ohne Oberteil ein Schild mit der Aufschrift »24 h Verkehr am Wochenende« vor ihre nackten Brüste. Aber immerhin, die gezielte Provokation wirkte: Die Stadt setzte die Forderung der Wiener Jungkonservativen um. Seit September 2010 fährt die U-Bahn an Wochenenden die ganze Nacht hindurch.

Der frühere Wiener SPÖ-Gemeinderat und jetzige Bildungsstadtrat Jürgen Czernohorszky sagte vor einigen Jahren über Kurz' Zeit im Rathaus: »Seine Wortmeldungen waren oberflächlich, wenig politisch. Mir fiel auf: Er lässt sich gerne von Frauen umschwärmen. Kein fortschrittlicher Geschlechterumgang.« Kurz konterte auf die Vorwürfe, er würde in seiner Politik mit sexistischen Klischees arbeiten, er könne keinen Sexismus in seinen Kampagnen erkennen. Diese seien bloß »frech und provokant«.

Aber genau das war Kurz schon als Junger nicht. So schrieb die Wiener Stadtzeitung *Falter* 2011 über den damals noch 25-Jährigen: »Kurz fiel nie durch Protest auf, sondern nur durch wohlkalkulierte Empörung. Ihm gelang es ziemlich gut, nie so zu tun, als wollte er Berufspolitiker werden. Dann schon lieber Anwalt, lautete seine Standardantwort. Seine Twitter-Einträge verraten anderes. Wie in einem Karriere-Logbuch lässt sich hier ein absolvierter ÖVP-Termin nach dem anderen ablesen.«

Seine Karrierestrategie ging auf. Nach nur einem halben Jahr im Wiener Gemeinderat bekam Kurz einen Anruf von ganz oben. Der damalige ÖVP-Chef Michael Spindelegger bot ihm einen Job an, der seinen Ambitionen entsprach: den neu geschaffenen Posten des Integrationsstaatssekretärs.

Kapitel 4

Leistung

Donnerstag, 21. April 2011. »Bin am Weg zur Angelobung –
jetzt beginnt die Zeit des Arbeitens ;-)«, twittert Sebastian
Kurz, bevor er sich auf den Weg zu Bundespräsident Heinz
Fischer in die Wiener Hofburg macht. Dort steht der frisch-
gebackene Integrationsstaatssekretär dann mit breitem
Grinsen neben den anderen neuen ÖVP-Regierungsmitglie-
dern: Außenminister und Vizekanzler Michael Spindelegger,
Innenministerin Johanna Mikl-Leitner und Wissenschafts-
minister Karlheinz Töchterle.

Kurz war – sehr zum Ärger seiner Eltern, die das nicht
in Ordnung fanden, wie er später erzählte – natürlich ohne
Krawatte gekommen, die Hände mal in die Hüften gestemmt,
mal gefaltet, vor sich einen Objektivewald aus Fernsehkame-
ras und Fotoapparaten, die vor allem ihn im Fokus hatten.
Den Jüngsten, den Umstrittensten, den Unbekanntesten. Ein
Jusstudent als Staatssekretär, noch dazu mit den sensiblen Integrationsagenden betraut – soll, ja, darf man das? Die Frage,
ob Michael Spindeleggers überraschendster Kandidat ein
genialer Schachzug oder eine kolossale Fehlbesetzung war,
spaltete damals das Land.

Sebastian Kurz spricht selten darüber, dass ihn etwas persönlich verletzt hätte. Schwäche oder Unsicherheit zeigen passt
nicht in sein Profil. Nur bei einem Lebensereignis macht er

eine Ausnahme: jenem Tag, an dem er überraschend Integrationsstaatssekretär wurde.

Und überraschend war es wirklich, denn Kurz war knapp einen Monat zuvor noch fest entschlossen, endlich sein Studium abzuschließen, suchte ein Praktikum für den Sommer, holte sich bei parteinahen Mentoren aus der Wirtschaft Rat ein, in welche Richtung er beruflich weitergehen sollte. Bankwesen? Finanzmarkt? Energiesektor? Oder doch sich selbstständig machen?

Während seiner Zeit als Wiener Landtagsabgeordneter brachte er gleich mehrere Kaderschmiedeprogramme der ÖVP Niederösterreich hinter sich. Er absolvierte das Mentoringprogramm des Wirtschaftsbundes in Niederösterreich, er war 2005 Stipendiat des Clubs Alpbach Niederösterreich. Ein Jahr zuvor hatte er sich auch nach dem in Österreich wohl besten Traineeprogramm für angehende Politiker oder Manager erkundigt, jenem der Industriellenvereinigung (IV). Nicht mehr als zehn Kandidaten pro Jahr werden dreißig Monate lang durch Stationen in heimischen Unternehmen, Ministerkabinetten und Brüsseler Büros gelotst, um danach Karriere zu machen. Kurz' Regierungskollegen Spindelegger und Mikl-Leitner waren einst IV-Trainees. Aber als Kurz bei der Industriellenvereinigung anklopfte, hieß es: zuerst Studium abschließen, dann noch einmal kommen. Denn ein akademischer Grad ist Voraussetzung für das prestigeträchtige Internship.

Kurz war auch für den Job des Integrationsstaatssekretärs nicht erste Wahl. Der damalige ÖVP-Generalsekretär Fritz Kaltenegger, ein enger Vertrauter Josef Prölls, hätte diesen symbolisch wichtigen, neu geschaffenen Posten übernehmen sollen. Er sagte aber ab.

Zwei Stunden hätte er nur Zeit gehabt, sich zu entscheiden, erzählte Kurz danach gerne. Und dass er sich mit Händen und Füßen gewehrt hätte, aber seine Sorgen und Proteste nicht ernst genommen wurden. »Ich war fertig. Aber ich habe nicht mehr zurück können«, gestand er der *Süddeutschen*

Zeitung. »So viele Schlagzeilen hintereinander hatte nicht mal Fukushima.«

»Ich habe damals extrem gelitten«, variierte er dieses Trauma bei Claudia Stöckl in ihrem Radio-Gesprächsformat »Frühstück bei mir« zum Wahlkampfauftakt im Sommer 2017, »weil ich mir auf der einen Seite natürlich gedacht habe, dass das eine extrem spannende, tolle Herausforderung ist. Auf der anderen Seite war damals die Angst groß, dass die Medien das nicht zulassen würden, dass ein 24-Jähriger Staatssekretär wird. (…) Und was die Reaktionen betrifft, da habe ich leider recht behalten. Die waren am Anfang sehr, sehr negativ.«

Nach außen hingegen zeigte Kurz keinerlei innere Zweifel, dass er dieser Aufgabe nicht gewachsen sein könnte. »Ich habe seit sieben Jahren, zwei Jahre davon auf Bundesebene eine Führungsrolle in einer Organisation mit 100 000 Mitgliedern und kenne das politische Geschäft daher durchaus«, sagte der Neo-Integrationsstaatssekretär wenige Tage nach seiner Angelobung. Was klingt wie die Jobbeschreibung eines CEOs eines für österreichische Verhältnisse durchaus riesigen Unternehmens, ist aber nichts anderes als eine etwas aufgeblähte Beschreibung der Funktion des Vorsitzenden einer konservativen Parteijugend.

Heute ist die Geschichte von der Berufung wider Willen längst Teil seiner Legendenbildung geworden. Die Mühen des Anfangs, keiner glaubte an mich, alle waren gegen mich, aber ich habe bewiesen, dass ich es kann – so in etwa lautet das Skript, das sich rückblickend, vom Standpunkt des Erfolges aus natürlich gelassener erzählt. Damals waren die negativen Reaktionen auf den »Superpraktikanten« im Staatssekretariat mit 205 632 Euro Brutto-Jahresgehalt tatsächlich massiv – und zum Teil überzogen.

»Ein Profilierungsneurotiker, dem es nicht um die Sache, sondern um den gepflegten Krawall geht, den er schlagen darf: Notgeil sagt man in diesen Kreisen wohl«, schrieb der

Standard über ihn. Seine Nominierung sei eine »Verarschung« für all jene, die sich um Integration wirklich bemühen. In den *Salzburger Nachrichten* porträtierte der Jugendforscher Bernhard Heinzlmaier Kurz als »fürchterlich uncharismatisch, kommt überheblich und borniert rüber« und stellt ihn fälschlicherweise als Schönbrunner Schnösel dar.

Auf der anderen Seite forderte die bürgerliche Presse »Gerechtigkeit für Sebastian Kurz« und geißelte die Ablehnung, den Hass und die Häme, die ihm vor allem aufgrund seiner Jugend entgegenschlugen. Auch FM4-Journalist Martin Blumenau postete, »Gebt dem Schnösel eine Chance«, vielleicht sei dieser ja »die letzte Waffe gegen den Rechtspopulismus«.

Kurz' Pressemann war damals bereits Gerald Fleischmann, der sich einen Ruf als der Experte für heikle Fälle in der ÖVP erarbeitet hatte. Er lotst Kurz durch dessen viele, große Antrittsinterviews – ohne Peinlichkeiten und mit scharfem Blick fürs Detail. Als die Wiener Wochenzeitung *Falter* den neuen Staatssekretär am Donaukanal vor einem der vielen bunten Graffiti fotografieren wollte, passend zum Image des jungen Wilden mit dem spannenden, neuen Integrationsressort, winkte er sofort ab und wies den Fotografen Heribert Corn an, seinen Chef lieber vor der neutralen Sandsteinwand abzulichten. Kurz posierte geduldig mehrere Minuten lang: Hände in den Hüften, Ärmel hochgekrempelt, Blick ernsthaft direkt in die Kamera gerichtet oder visionär zur Seite gedreht. Damals schon ganz der Medienprofi.

Ebenfalls nicht von seiner Seite wich bei den ersten Medienterminen Stefan Steiner, den Kurz aus der ÖVP-Parteizentrale, wo dieser die politische Abteilung leitete, als seinen Kabinettschef mitgenommen hatte. Er war schon damals eindeutig der starke Mann in Kurz' Stab, dessen Augenkontakt Kurz bei jeder Unsicherheit suchte.

Die Digital Natives, Kurz' Zielgruppe, reagierten ebenfalls negativ und auf ihre Art auf den Jungpolitiker. Auf Facebook hatte die Initiative »Ich mach den Integrationsstaatssekretär bei Humboldt« binnen weniger Tage mehr als 20 000 Fans.

Und das deutsch-österreichische Komikerduo Stermann und Grissemann ätzte: »Grasser ist wieder in der Regierung. Er hat sich mit Botox das Gesicht verjüngen und die Ohren vergrößern lassen und nennt sich jetzt Sebastian Kurz. Der junge Staatssekretär für Integration stand für ein Interview zur Verfügung. Wir mussten das Gespräch vor der Sendung aufzeichnen, da Herr Kurz noch nicht so lange aufbleiben darf.«

»Mach dir nichts draus«, riet ihm die damalige ÖVP-Innenministerin Maria Fekter bei der Schlüsselübergabe für seinen neuen Arbeitsplatz, das Innenministerium, »diese Medienberichterstattung wird dich zur Marke machen. Das hat mir genützt, und es wird auch dir nützen. Es gibt nichts Schlimmeres, als nicht wahrgenommen zu werden.«

Sie sollte recht behalten.

Zweieinhalb Jahre später, die Regierungsperiode war ausgelaufen und Nationalratswahlen standen an, lasen sich die Rezensionen von Kurz᾽ kurzer Amtszeit wesentlich respektvoller als zum Einstieg. Ihm sei es gelungen, das Thema Integration vom Thema Sicherheit abzukoppeln und damit endlich auszusprechen, was lange Zeit verpönt war: Österreich ist ein Einwanderungsland. Die Menschen, die zu uns kommen, sind keine Gastarbeiter, sondern bleiben. Deswegen müssen wir alle gemeinsam daran arbeiten, dass unser Zusammenleben besser klappt. Sogar die damalige grüne Parteichefin Eva Glawischnig kam nicht umhin, Kurz für die Versachlichung der Integrationsdebatte zu loben. Die Zeit, in der man gar nicht über die Probleme von Migranten geredet habe, sei ebenso vorbei wie die Zeit der aufgebauschten Ängste. Kurz selbst formulierte es immer so: Er wolle das Feld »weder den rechten Hetzern noch den linken Träumern« überlassen.

Integration sei eben nicht »Einwanderungspolitik, man muss die Themen Integration, Asyl und Zuwanderung trennen«, erklärte das Kurz im *Standard* kurz nach seinem Dienstantritt. »Bei meinem Thema, dem Thema Integration, geht es um ein positives Zusammenleben der ca. 1,5 Millionen

Menschen in Österreich, die Migrationshintergrund haben, mit der Mehrheitsbevölkerung. Ich bin also zuständig, sobald jemand legal in Österreich ist und mittel- bis langfristig hierbleiben möchte.«

Österreich und seine Migrationspolitik, das ist eine Geschichte voller Missverständnisse. Obwohl es seit den 1970er-Jahren konstant Zuwanderung aus der Türkei und den Balkanländern gab, wagte die Politik nie auszusprechen, was längst Realität war: dass Österreich dank seiner kräftigen Wirtschaftsleistung und seines sicheren Sozialsystems ein klassisches Einwanderungsland darstellte. Das durften nur die Grünen und linke Sozialdemokraten sagen, die dann schnell als Multikulti-Illusionisten und Gutmenschen abgestempelt wurden.

Integration stand folglich lange Zeit nicht im Fokus der Politik, eine geregelte Zuwanderung ebenfalls nicht. Die Versäumnisse zeigten sich erst mit Verspätung. Bis heute schafft es die zweite und dritte Generation von Zuwandererkindern nur schwer, im Bildungssystem aufzuholen. Dieses Nicht-hinschauen-Wollen der Großen Koalition schwächte sie selbst – und stärkte die FPÖ. Der Aufstieg Jörg Haiders, der in den 1990er-Jahren von Wahl zu Wahl stärker wurde, wäre mit einer offensiveren Integrationspolitik der Regierung nicht ganz so steil verlaufen.

Anfang der Nullerjahre setzte in Europa ein regelrechter Wettbewerb um gut qualifizierte Zuwanderer ein. Deutschlands damals rot-grüne Regierung schuf eine Greencard und installierte eine Zuwanderungskommission. Die schwarz-blaue Bundesregierung in Wien blockte weiter ab. Der Wirtschaftsflügel der ÖVP hätte gerne im Wettbewerb um die besten Köpfe mitgemacht, aber gegen die FPÖ war eine solche Politik nicht durchzusetzen. Treibende Kraft im schwarzen Wirtschaftsflügel war damals übrigens der spätere ÖVP-Chef Reinhold Mitterlehner. Er sprach auch aus, was Integrations- und Migrationsexperten längst belegt hatten. »Wer sich unsere

Geburten- und Sterberate anschaut, sieht auf den ersten Blick, dass Österreich zum Einwanderungsland geworden ist. Nur so können wir den Wohlstand und unsere sozialen Verpflichtungen – etwa bei den Pensionen – auf Dauer halten«, sagte er in einem Interview mit dem Nachrichtenmagazin *Format*. Aber im schwarz-blauen Regierungsübereinkommen war eine schrittweise Senkung der Ausländerquote festgeschrieben. »Österreich war nie Einwanderungsland, ist kein Einwanderungsland, wird nie Einwanderungsland werden«, lautete das Credo des damaligen FPÖ-Klubobmanns Peter Westenthaler.

Es hielt sich lange, auch, weil nach der Finanzmarktkrise im Jahr 2007 der Druck auf den Arbeitsmarkt wieder stieg und nicht nur die FPÖ, sondern auch die Gewerkschaften und die Arbeiterkammer für eine Abschottungspolitik plädierten. Österreich schöpfte die Übergangsfristen für die von der Europäischen Union vorgesehene Arbeitnehmerfreizügigkeit voll aus und öffnete erst 2009 seinen Arbeitsmarkt für Ungarn, Slowaken, Polen, Slowenen und Tschechen.

Kurz' geschickt gewähltes Motto »Integration durch Leistung« kam 2011 zwar viel zu spät, aber immerhin, es kam – und immunisierte ihn erst einmal gegen die Kritik von Integrations- und Migrationsforschern, weil er endlich genau das aussprach, was sie seit mehr als einem Jahrzehnt vergeblich forderten. Schon unter Innenministerin Maria Fekter war ein Expertenrat für Integration geschaffen worden, dem auch zwei der renommiertesten Spezialisten in dem Bereich, Rainer Münz und Heinz Fassmann, angehörten, aber auch die Sprachwissenschaftlerin Ruth Wodak und Wirtschaftswissenschaftlerin Gudrun Biffl. Deren Vorschläge griff Kurz, kaum im Amt, begeistert auf und absolvierte viele Termine im Paarlauf mit den Wissenschaftlern. Fassmann wurde schließlich zu seinem Haus- und Hofexperten.

An den negativ besetzten Themen – Abschiebungen, illegal im Land aufhältige Personen, Ausländerhass, Parallelgesellschaften, Probleme im Erstaufnahmelager Traiskirchen –

streifte er damals ganz bewusst nicht an. Das war Aufgabe seiner ÖVP-Kollegin, der aus Niederösterreich kommenden nunmehrigen Innenministerin Johanna Mikl-Leitner.

Kurz sagte hingegen: »Mein Freundeskreis war immer bunt durchmischt. Ich habe auch Freundinnen mit Kopftuch. Die Hälfte der Schüler in meiner Klasse hatte Migrationshintergrund – und da habe ich gesehen, wie Integration funktioniert: wenn alle Deutsch sprechen!« Und: »Man darf Migration nicht auf den Islam beschränken und Integration nicht auf Botschaften wie ›Kopftuch – ja oder nein‹. Wenn Frauen das Kopftuch freiwillig tragen, ist das für mich in Ordnung. Werden sie dazu gezwungen, sehe ich das als Unterdrückung der Frauen.« Und schließlich noch Ende 2012: »Die Burka ist in Österreich überhaupt kein Thema. Deswegen brauchen wir auch nicht über ein Burkaverbot diskutieren, das übrigens im Zusammenhang mit moslemischen Touristinnen, die in Fünf-Sterne-Hotels absteigen, kontraproduktiv wäre.«

Kurz konzentriert sich in seiner Zeit als Integrationsstaatssekretär ganz auf die Positivbotschaften, was ihm den Ruf eines »Prinz Gutgelaunt« (*profil*) einbrachte, der ein »Schönwetterressort« führe. Er redet viel und gerne darüber, wie bereichernd Zuwanderer seien, wie tüchtig und fleißig. Wie viele bereits gut ausgebildet seien, wie man ihre Diplome nostrifizieren könne, was Kindergärten brauchten, um Kinder mit Migrationshintergrund von Anfang an sprachlich besser zu fördern. Es ging ihm um effizientere Integration, um raschere Einbürgerung, um leichtere Anerkennung ausländischer Berufsabschlüsse. »Willkommensservice für Zuwanderer« nannte Kurz das. In dieser Art ging es weiter.

Die Grenze zwischen sinnvollen Projekten und PR-Coups war dabei fließend. Im Oktober ernannte er hundert Persönlichkeiten mit Migrationshintergrund aus Sport, Wirtschaft und Kultur zu »Integrationsbotschafter«, die an österreichischen Schulen aus ihrem Leben erzählen sollten. Darunter waren beispielsweise Ex-Fußball-Nationalteamspieler Ivica Vastić, die TV-Moderatorin Arabella Kiesbauer, Tischtennis-

Europameisterin Liu Jia oder der Unternehmer Ali Rahimi, aber auch weniger bekannte Menschen mit Migrationshintergrund, die eine kleine, private Aufstiegsgeschichte erzählen konnten. Das war Teil der Aktion »Zusammen:Österreich«. Als Staatssekretär begann Kurz auch, die von der Caritas schon 2007 in der Steiermark eröffneten Lerncafés für ganz Österreich aufzubauen. Dort erhielten sozial benachteiligte Schülerinnen und Schüler mit und ohne Migrationshintergrund Nachhilfe von freiwilligen Helfern. Statt der altmodischen Staatsbürgerschaftstests präsentierte Kurz eine »Rot-Weiß-Rot«-Fibel, mit der Kampagne »#stolzdrauf« wollte er ein neues Österreich-Bewusstsein unter Migrantinnen und Migranten fördern. Jeder, der hier wohne, solle sich heimisch fühlen, es brauche mehr Willkommenskultur, sagte Kurz damals noch. Er war das »liberale, freundliche und weltoffene Aushängeschild der ÖVP, eine Zukunftshoffnung, die bei einem jüngeren Publikum punkten könnte, auch mit Coolness und lockeren Gesten«, urteilte der *Standard*.

Nur selten blitzen Vorboten jenes schärferen Tonfalls durch, den Kurz als Außenminister und vor allem im Wahlkampf 2017 anschlagen sollte. Etwa als er höhere Strafen für Eltern von Schulschwänzern fordert.

Kurz blieb als Integrationsstaatssekretär dabei konsequent monothematisch. Er sprach über Integration, und zwar fast ausschließlich. Als zweiten Themenkomplex bediente er noch Demokratie, aber das von ihm entworfene »Demokratiepaket« für mehr Bürgerbeteiligung scheiterte 2013. Inzwischen heftet sich die FPÖ auf die Fahnen, was Kurz damals wollte. Er forderte, dass über alle Volksbegehren, die von mehr als zehn Prozent der Wahlberechtigten unterschrieben werden, eine Volksbefragung abgehalten werden muss. Ansonsten hielt sich Kurz von Grundsatzdebatten fern.

Zusätzlich nuzt er die neuen Möglichkeiten seiner Funktion zum Kontakteknüpfen. Gleich nach seiner Angelobung zum Staatssekretär beginnt er, ein Mal pro Quartal Abendessen zu geben, die der frühere Sprecher von Josef Pröll und nunmehrige Kommunikationsberater Daniel Kapp für ihn organisierte. Acht bis zehn Personen wurden da regelmäßig eingeladen, nicht nur aus dem Bereich Integration, auch aus Kultur, Wissenschaft, Religion und Wirtschaft. Organisator Kapp erklärte das Konzept der Presse einmal so: »Die Grundidee dahinter ist, Möglichkeiten für Diskussionen zu schaffen. Zusammenkünfte, bei denen sich ein Politiker nicht positionieren muss, sondern zuhört und diskutiert.« Es gehe dabei um einen intellektuellen Austausch mit Andersdenkenden. »Es gibt dann die Freiheit, auch leidenschaftlich zu streiten«, es geht »um die Reflexion der eigenen Position«, sagte Kapp.

Was aber blieb am Ende von Kurz' Staatssekretärszeit an politischen Neuerungen abseits der PR tatsächlich über?

Dem Integrationsminister geht es wie der Frauenministerin. Weil Integration eine Querschnittsmaterie ist, ist Kurz bei all seinen Ideen immer auf die Kooperation mit den anderen Ressorts, Bundesländern und Gemeinden angewiesen. Ohne Bildungsministerium keine Sprachförderung und Anerkennung von im Ausland erworbenen Qualifikationen, ohne Sozialministerium keine Reform der Rot-Weiß-Rot-Card.

Alleine für die Erleichterung der Nostrifizierung von Studienabschlüssen braucht es das Wissenschaftsministerium, für den Berufszugang und die Befähigungsnachweise ist bei Gewerbebetrieben, Banken und Fahrschulen der Bund, bei Kinos, Spielapparaten, Schi- oder Tanzschulen das Land und bei Krankenanstalten grundsätzlich das Land in Kombination mit dem Bund zuständig. »Der österreichischen Verfassungsordnung fehlt ein einheitliches, durchgehendes Konzept zur Reaktion auf die Herausforderungen, die das Integrationsthema mit sich bringt«, stellte Universitätsprofessor Andreas Janko von der Johannes Kepler Universität im ersten Integrationsbericht 2011 ernüchternd fest. Dem zuständigen Staatssekretär bleibe nichts anderes übrig, als »durch die Übernahme der Themenführerschaft in Integrationsfragen sowie mit viel Koordinations- und Überzeugungsarbeit auch die anderen Mitglieder der Bundesregierung zur Umsetzung der von ihm für richtig erachteten, jedoch bei anderen Ministerien ressortierenden Maßnahmen zu bewegen«. Als Integrationsstaatssekretär lernte Kurz also auch gleich einmal den Zuständigkeitswirrwarr der österreichischen Verwaltung kennen.

Das Staatssekretariat selbst war im Grunde nicht viel mehr als eine Abteilung des Innenministeriums, mit etwa zwanzig Mitarbeitern, immerhin zehn Kabinettsreferenten und einem vergleichsweise kleinen Budget von zwanzig Millionen Euro. Angedockt an die Abteilung sind der Österreichische Integrationsfonds, der Expertenrat aus 15 Personen und der Integrationsbeirat, ein Gremium aus 25 Organisationen.

Was Kurz gelang, war, das Thema Integration neu zu »framen«, wie Sprachwissenschaftler sagen, ihm also einen positiveren und freundlicheren Rahmen zu geben. Gleichzeitig kombinierte Kurz den Begriff »Integration« aber immer mit dem Begriff »Leistung«. Wer sich integrieren will, muss sich bemühen, anstrengen, etwas leisten, lautete die Botschaft. Migranten wurden zu kleinen Ich-AGs, die sich um ihre Integration eigenverantwortlich zu kümmern haben, der Staat zum Anbieter verschiedener Leistungen, serviceorientiert und vordergründig effizient und modern, aber ohne moralische Verpflichtung. Wer sich nicht integrieren kann, ist am Ende selber schuld, war die Conclusio. Wer wirklich will, kann es schaffen.

Dass Integration eine Aufgabe ist, die die gesamte Gesellschaft fordert, in der Werte wie Solidarität, Respekt und Toleranz von allen dazugehören, blieb außen vor. Kurz' »Integration durch Leistung«-Narrativ richtete sich natürlich vor allem an die besser ausgebildeten, mit sozialem Kapital versorgten Migrantinnen und Migranten. Jene, die weniger gut ausgebildet oder ärmer sind, kamen in Kurz' Welt fast gar nicht vor.

Leistung ist ein Kernbegriff der ÖVP, ebenso wie Eigenverantwortung und Freiheit. Die Partei verwendete ihn vor allem wirtschaftspolitisch, etwa im Zusammenhang mit Steuer- und Verteilungsdebatten. Kurz führte ihn – sehr erfolgreich – in die Integrationspolitik ein und gab ihr damit einen neoliberalen Anstrich.

Eine Studie der Forschungsgruppe Inex/Institut für Politikwissenschaft unter der Leitung der Politologin Sieglinde Rosenberger kam Ende 2015 zum Schluss, dass die kurze Ära des Integrationsstaatssekretärs Kurz sich so zusammenfassen lasse: viel Kommunikation, wenige gesetzliche Effekte und starke ideologische Prägung.

Rosenbergers Team analysierte Medienberichte, Presseaussendungen, Integrationsberichte, Stellungnahmen von Regierungsmitgliedern und Integrationssprechern im Nationalrat sowie sämtliche Nationalratsbeschlüsse der 24. Legislaturperiode von 2008 bis 2013 und verglich sie mit jenen aus den drei Jahren zuvor. Dabei zeigte sich etwa, dass das Team Kurz zwar sehr aktiv bei der Pressearbeit war, das Thema Integration aber als Tagesordnungspunkt in Plenardebatten des Nationalrats nicht öfter vorkam als zuvor. Kurz initiierte als Staatssekretär auch keine neuen Gesetze, sondern baute auf den bestehenden Vorhaben der Integrationssektion im Innenministerium auf, ohne einen Richtungswechsel einzuleiten. Was Kurz in den Bereichen Bildungsintegration, Familienzusammenführung und Antidiskriminierung umsetzte, wäre laut Studienautoren ohnehin geplant gewesen.

Die Gesetzesbeschlüsse hätten nur eine »Vertiefung und Ausdifferenzierung bestehender Integrationskriterien« gebracht, etablierten jedoch kaum neue oder lösten bestehende ab. Sich zu integrieren hieß weiterhin: »Spracherwerb, Bildungsintegration, Arbeitsmarktintegration, Selbsterhaltungsfähigkeit, aktive Teilnahme am sozialen Nahbereich sowie Identifikation mit der nun in der Österreich-Fibel festgehaltenen Werte- und Rechtsordnung.« Ausgebaut wurden nur einige daran geknüpfte Rechte, etwa in aufenthaltsrechtlicher Hinsicht oder im Zugang zum Sozialsystem sowie die staatlichen Unterstützungsangebote und Anerkennungsmodalitäten im Schul-, Hochschul- und Arbeitsmarktbereich.

Liberaler, also »ausländerfreundlicher«, wenn man so will, wurde Österreichs Integrationspolitik unter Kurz im Bildungsbereich. Es gab mehr Sprachförderangebote, mehr schulische Unterstützung, mehr Erwachsenenbildung und Verbesserungen beim Hochschulzugang. Bei der Familienzusammenführung wurde der Zugang zum Arbeitsmarkt erleichtert, gleichzeitig wurden die Sprachvoraussetzungen für Drittstaatsangehörige verschärft. In Sachen Anti-Diskriminierung kam es zwar zu Reformen des Gleichbehandlungsrechts und des Öffentlichen Dienstrechts, explizite Adressierung von Migrantinnen erfolgte allerdings nur im Zuge der gesetzlichen Öffnung der Freiwilligenarbeit wie bei Feuerwehren, bei denen sich Kurz dafür einsetzte, dass auch Nicht-EU-Bürger mithelfen konnten.

Im Staatsbürgerschaftsrecht änderte die Einführung einer beschleunigten Einbürgerungsmöglichkeit nach sechs Jahren für »ausgezeichnet Integrierte« nichts am grundsätzlich restriktiven Zugang. Und bei politischen Partizipationsmöglichkeiten blieben gesetzliche Veränderungen überhaupt aus, lautete das Fazit der Studienautoren. »Affirmative action«, also bevorzugte Behandlung und ausgesprochene Förderung von Migranten, wie man sie aus klassischen Einwanderungsländern wie den USA oder Kanada kennt, gab es keine. Kurz machte in einem Interview mit der Presse recht bald klar, dass er solche Methoden als »leistungsfeindlich« ablehnt.

Aber der junge Staatssekretär verkaufte seine Politik schlichtweg besser als alle anderen. Die SPÖ – immerhin mit Unterrichtsministerin und Sozialminister in der Regierung vertreten – verstummte. »Die SPÖ hat das Integrationsthema nahezu gänzlich Kurz überlassen, obwohl die Zuständigkeit etwa in den Bereichen Bildung und Arbeitsmarkt bei ihr lag«, sagte die Politologin Rosenberger. Die Forscher untersuchten auch die Rolle der Experten, die unter Kurz verstärkt präsent waren. Durch ihre Einbindung kam es zum einen zu einer Versachlichung, aber gleichzeitig auch zu einer »Depolitisierung«, weil andere Positionen, etwa der SPÖ, die aber ohnehin kaum durchdringen wollte, oder der Opposition und der NGOs dadurch delegitimiert wurden. Kurz war es gelungen, fast alle öffentlichen Sprechrollen beim Thema Integration selbst beziehungsweise mit seinen Leuten zu besetzen.

Wer sich weiter auf die Suche nach der Evaluierung der Kurz' Verwaltungsära macht, landet schnell beim Rechnungshof. Das Kontrollinstitut überprüfte im Jahr 2016 rückwirkend jene Förderungen, die das Innenministerium in den Jahren 2011 bis 2014 ausgezahlt hatte. Oder besser: Er versuchte, sie zu überprüfen. Denn die Prüferinnen und Prüfer stießen auf einen Wildwuchs, der jegliche Strategie und Transparenz vermissen ließ. 14 Stellen im Innenministerium waren mit der Vergabe von Förderungen betraut, vielfach gab es keine Trennung zwischen Fördervergabe und Kontrolle. Klare Richtlinien für die Vergabe von Förderungen fehlten ebenso wie Maßnahmen zur Vermeidung von Mehrfachförderungen. Mangels einer übersichtlichen Dokumentation ließ sich die Anzahl der vergebenen Förderungen nicht eruieren. Unter Kurz' Verantwortung fiel da beispielsweise eine 1,5 Millionen schwere Finanzspritze für die »Lauder Business School«. Sie sollte ein »Kompetenzzentrum für Integration« errichten – also etwa Deutsch für Niedergelassene unterrichten. Mit Hilfe dieser »Förderung« kaufte die Schule, die vom amerikanischen Unternehmer Ronald S. Lauder gegründet wurde und sich vor allem an ein internationales, gehobenes und jüdisches Studentenpublikum richtet, eine Immobilie. Ob dort tatsächlich Integration im klassischen Sinne stattfand, wurde von den zuständigen Mitarbeitern im Staatssekretariat nie überprüft. Der Rechnungshof kritisierte verblüfft, dass »der Ankauf eines Gebäudes für universitäre Zwecke als ausreichender Nachweis für die widmungsgemäße Verwendung der Fördergelder im Hinblick auf die Zielsetzung ›Integration‹ erachtet« wurde. Im Jahr 2014 wanderten die Integrationsagenden gemeinsam mit Kurz ins Außenministerium – eine Evaluierung steht bis heute aus.

Die merkwürdige Geldspende für die Lauder Business School fand kaum medialen Niederschlag. Wie überhaupt Kurz ein Meister darin ist, jedem Schatten, der auf ihn fallen könnte, auszuweichen. Seine Pressearbeit ist höchst effektiv. So war es auch bei einem von Kurz' wichtigsten Prestigeprojekten, der sprachlichen Frühförderung im Kindergarten. Die Regierung hatte 2011 die Mittel für die sprachliche Frühförderung – von 2008 bis 2010 fünf Millionen Euro jährlich – auslaufen lassen. Kurz war es gelungen, die Förderung wieder zu aktivieren. Dafür erntete er Applaus und erwähnte es auch bei jeder Gelegenheit als einen seiner wichtigsten Erfolge.

Was die Frühförderung tatsächlich gebracht hat, wurde erst Jahre später nachvollziehbar. Denn anstatt die Genehmigung und Evaluierung des Deutschunterrichts für die Kleinsten – wie es naheliegend wäre – über das (rote) Bildungsministerium laufen zu lassen, zog Kurz sie an sich. Der – vom Rechnungshof in einem Bericht 2015 massiv kritisierte – Österreichische Integrationsfonds war nun auch dafür zuständig. So kam es zu einer noch schlimmeren Kompetenzzersplitterung zwischen Integrations- und Bildungsressort und den Ländern, die für Kindergärten zuständig sind. Es fehle an aussagekräftigen Daten zur Zielüberprüfung und Evaluierung bei schulischen Förderprogrammen für Kinder und Jugendliche mit einer anderen Muttersprache als Deutsch, kritisierte der Rechnungshof im Jahr 2016. Eigentlich hätte das Integrationsressort ab 2016 einen Schlussbericht über die sprachliche Frühförderung in Kindergärten vorlegen sollen. Im Hochsommer 2017, mitten im Wahlkampf, wurde er dann tatsächlich auf der Homepage des Integrationsministeriums hochgeladen, versteckt unter dem Menüpunkt »Downloads« und ohne dass das Ministerium dazu eine Presseaussendung oder gar eine Pressekonferenz machte. Wie kann es sein, dass Kurz sein einstiges Prestigeprojekt, besser Deutsch lernen für die Kleinsten schon im Kindergarten, sechs Jahre später nicht einmal eine Presseaussendung wert ist? Vielleicht, weil die Evaluierung ergab, dass im rot regierten Wien fünfzig Prozent der sprachlich geförderten Kinder innerhalb eines Kindergartenjahres keiner weiteren Sprachförderung mehr bedurften. Die Erfolgsrate im ÖVP-regierten Niederösterreich war mit 45 Prozent geringer, im ÖVP-regierten Oberösterreich 36 Prozent und im ebenfalls schwarzen Salzburg betrug sie gar nur 29 Prozent. Dieses Beispiel steht exemplarisch für den Effektpolitiker Kurz, dem es blendend gelingt, ein wichtiges Thema wie Deutschförderung im Kindergarten als persönlichen Erfolg zu verkaufen, dem aber vieles weitere nicht mehr so wichtig zu sein scheint.

Als Aufräumer oder Aufdecker im eigenen Haus trat Kurz hingegen nie in Erscheinung. Alleine beim Österreichischen Integrationsfonds, der für die Republik die Integrationsagenden abwickelt und der Kurz seit 2011 zuerst als Integrationsstaatssekretär und später Integrationsminister unterstellt war, hätte es viel an Korruption, Freunderlwirtschaft, Spesenrittertum und Misswirtschaft aufzuarbeiten gegeben. Etwa als der Fonds sich von seinem Immobilienbesitz trennte. Für etliche der Startwohnungen für anerkannte Flüchtlinge gab es keine Schätzgutachten, ein professioneller Immobilienmakler wurde erst gar nicht eingeschaltet. Für 33 Wohnungen erzielte der Integrationsfonds einen Erlös von nur 2,14 Millionen Euro – deutlich unter Marktwert. Sieben dieser Wohnungen gingen an Personen mit einem Naheverhältnis zum Fonds, listet der Rechnungshof in einem Bericht penibel auf.

Kurz griff den Fonds trotz massiver Kritik der Staatsprüfer nie an, er hinterfragte nie und äußerte sich in der Öffentlichkeit nie kritisch dazu. Obwohl sein engstes Umfeld involviert war und er als politisch Verantwortlicher beim Fördergeldzuteilen unter Parteifreunden weiter mitmachte. Der langjährige Fonds-Chef und Verantwortliche für diesen umstrittenen Immobiliendeal, Alexander Janda, wurde von Kurz 2011 im Amt bestätigt und erst im Jahr 2013 durch Franz Wolf-Maier ersetzt, der wiederum zuvor im Kabinett Kurz als stellvertretender Kabinettschef gearbeitet hatte und selber eine der sieben günstigen Wohnungen hat kaufen können.

Nur ja nicht an Problemen anstreifen, keine Schlachten beginnen, die man nicht gewinnen kann: Dieser klugen machiavellistischen Maxime sollte Kurz auch vor der Wiener Wahl im Jahr 2015 folgen, als es in seiner Partei hieß: Kann unser Nachwuchstalent die marode Wiener Stadtpartei nicht als Spitzenkandidat anführen, um ihr ein Fiasko zu ersparen? Obwohl Kurz in der Wiener ÖVP stark verwurzelt ist, verweigerte er sich. Als nach der Wahl – die ÖVP fiel auf unter zehn Prozent und verlor fast fünf Prozentpunkte – erneut der Ruf nach ihm kam, er möge die Wiener Partei übernehmen und neu aufbauen, verweigerte er sich ein zweites Mal und installierte stattdessen seinen engen Vertrauten Gernot Blümel als Wiener Parteichef. Ein Kurz geht eben nur dorthin, wo es für ihn etwas zu gewinnen gibt.

Zurück ins Jahr 2013. Zwei Jahre zuvor noch belächelt, ist Kurz im anstehenden Nationalratswahljahr 2013 endgültig der heimliche Star der Volkspartei. Mittlerweile kennen ihn 93 Prozent der Österreicher und er steht regelmäßig auf Platz eins im Vertrauensindex der Austria Presse Agentur. »Herzbube« betitelte die *Süddeutsche Zeitung* ein großes Porträt über ihn, eine Würdigung, die 27-jährigen Regierungsmitgliedern im Rang eines Staatssekretärs normalerweise nicht zugutekommt. Dass ihm in der Partei die Herzen zufliegen, wurde bei der »Österreich-Rede« am 15. Mai 2013 endgültig klar.

Altkanzler und Langzeit-ÖVP-Chef Wolfgang Schüssel hatte diese Veranstaltung in seiner Zeit als Kanzler erfunden, als Erinnerung an den Tag der Unterzeichnung des Staatsvertrages. Alle, wirklich alle, die in der Volkspartei Rang und Namen haben oder hatten, strömen an diesem Tag in den prächtigen Redoutensaal der Hofburg, um beim heimlichen Wahlkampfauftakt des damaligen ÖVP-Chefs Michael Spindelegger dabei zu sein. Kurz war Spindeleggers Vorredner und sprach nur 15 Minuten. Trotzdem stahl der Junge seinem Mentor und Förderer die Show. Er neckte die Partei selbstbewusst, indem er jene Anekdote zum Besten gab, wie er als Schüler in der Meidlinger Zweigstelle der Jungen ÖVP abgewiesen wurde – und damit den Aufruf verband, die Partei stärker zu öffnen, als Konservative moderner und jünger zu werden. Er pries die Vielfalt Österreichs, indem er Seniorenbundobmann Andreas Khols Familie darstellte. Ein Schwiegersohn stamme aus der Türkei, ein anderer aus Indien und ein dritter aus der SPÖ Wien, scherzte er – und erhielt dafür spontanen Applaus.

Es war eine seiner besten Reden. Locker, frech, unbelastet – meilenweit entfernt von den Stehsätzen, die er sich in seiner Zeit als Außenminister später angewöhnen sollte, und noch viel weiter entfernt von der FPÖ-light-Rhetorik, mit der Kurz 2017 die Nationalratswahl gewann. Hat nicht Kurz gerade die heimliche Österreich-Rede gehalten, fragten sich im Jahr 2013 viele. Es gehörte jedenfalls viel Mut und Großzügigkeit dazu, sich so einen glänzenden Vorredner zu holen, zollten andere Spindelegger Respekt.

Kurz wurde damals schon als ministrabel gehandelt, etwa als Jugend- oder Generationenminister. Dass er in der nächsten Regierung dann ausgerechnet Außenminister werden sollte, ahnte damals noch niemand. Aber es gab auch warnende Stimmen. Wird hier ein junges Talent verheizt? Was macht es mit einem, wenn man so jung so weit oben landet? Verliert man nicht die Bodenhaftung? Verfällt man der Hybris? Die Grande Dame der österreichischen *Presse*,

Anneliese Rohrer, riet Kurz in einem Kommentar, für eine Weile aus der Politik auszusteigen, er sei sonst bald verschlissen. »Kurz würde sich selbst einen Dienst erweisen, wenn er die nächsten Jahre zur Festigung von Sachkompetenz, Studienabschluss und Erweiterung des Horizonts über die Türen eines Parteilokals hinaus nützen würde. Er hatte es in den letzten Jahren richtig bequem, konnte sein Kommunikationstalent nützen und musste nichts durchsetzen.«

Aber das ist eine Entscheidung, die Kurz vor drei Jahren hätte treffen müssen, als Spindelegger ihn überraschend anrief und zwei Stunden Bedenkzeit gab, ob er Integrationsstaatssekretär werden wollte oder nicht. Kurz hatte sich für die Karriere entschieden, und als typisches Produkt seiner Generation setzte er nicht auf Revolution, sondern auf Aufstieg durch Anpassung. Unerwartete Allianzen schaffen, ein schwelendes Thema aufgreifen und zu seinem eigenen machen, vor allem aber es perfekt vermarkten, und an allem, was zu einem Problem und Misserfolg werden könnte, nur ja nicht anstreifen – all diese Fertigkeiten hatte Kurz in den knappen drei Jahren als Integrationsstaatssekretär bewiesen. Sehr bald sollte sich aber auch zeigen, dass er seine Meinungen und Haltungen auch rasch wieder ändern kann, wenn er sich davon noch mehr Popularität verspricht. Wie flexibel er dabei inhaltlich ist, ohne dass es ihm in der öffentlichen Wahrnehmung schadet, überraschte dann aber doch.

Kapitel 5

Sicherheit

Hundebabys genießen bei älteren Hunden Narrenfreiheit. Sind die Kleinen auch noch so verspielt und frech, die Altvorderen haben eine Beißhemmung. »Als Sebastian Kurz mit nur 27 Jahren als neuer österreichischer Vertreter zu den ersten Treffen der EU-Außenminister in Brüssel kam, stand er auch unter einem solchen Welpenschutz«, erzählt ein langjähriger Diplomat. Die altgedienten, erfahrenen Außenminister der Länder der Europäischen Union hätten damals schnell erkannt, welch äußerst vifes Kerlchen da an Bord gekommen war und sich gedacht, dem Jungen bringen wir etwas bei. »Kurz hat das auch tadellos gemacht«, sagt der Diplomat. »Er konnte unglaublich gut zuhören und lernte wahnsinnig schnell. Er sog das Wissen auf wie ein Schwamm.« Und er sei sich nicht zu gut gewesen, auf Ratschläge erfahrener Diplomaten auch zu hören.

Am 16. Dezember 2013 wurde Kurz als »Bundesminister für europäische und internationale Angelegenheiten« angelobt, im März 2014 wurde sein Ministerium in »Integration, Europa und Äußeres« umbenannt. Auch für den Politiker Kurz begann damit eine neue Phase. Jetzt war er auf Augenhöhe mit seinen Regierungskollegen, nicht mehr nur Staatssekretär mit einem Querschnittsthema, sondern Minister, und einer der wichtigsten noch dazu. Das Außenministerium ist traditionell in Sachen Außendarstellung eines der dankbarsten, angesiedelt zwischen Kanzleramt und Präsident-schaftskanzlei, die ebenfalls für Österreichs Außenpolitik zuständig sind. Auch deswegen haben frühere ÖVP-Chefs sich in der Regierung gerne dieses Ressort zusätzlich zum Vizekanzlertitel geholt. Es brachte ihnen maximales Standing. ÖVP-Chef Spindelegger überließ Kurz das Ressort ohne zusätzliche Rolle, die Vizekanzlerei übernahm er selber. Damit hatte die ÖVP-Nachwuchshoffnung Stand- und Spielbein frei, um sich innen- wie außenpolitisch zu profilieren. Eine Chance, die Kurz sofort ergriff. Die vier Jahre im Außenamt nutzte er, um sein Themen-Portefeuille systematisch zu erweitern. Das Thema Integration rückte in den Hintergrund, das Thema Sicherheit dominierte vor allem innenpolitisch nach außen nun alles. Nach innen positionierte er sich verstärkt in wirtschaftspolitischen Fragen. Das Endziel war klar: so breit aufgestellt zu sein, um später einmal eine Partei oder eine Bewegung in einen Wahlkampf führen zu können.

In diesen vier Jahren auf dem internationalen Parkett ist Kurz kein einziger gröberer Patzer passiert, im Gegenteil. Kurz hielt Reden vor der UN-Vollversammlung, bereiste zahlreiche Länder und fand dort auch durchaus die richtigen Worte. In Israel etwa, wo Kurz vor Überlebenden des Holocausts über Österreichs Verantwortung sprach und mit seinen klaren und einfühlsamen Worten die Angesprochenen zu Tränen rührte. Oder in Moskau, wo er den russischen Außenminister Sergej Lawrow schon bei der Begrüßung deutlich auf Menschenrechtsverletzungen in dessen Land ansprach.

Eine Hilfe im Hintergrund war für Kurz zumindest in der Anfangszeit der damalige deutsche Außenminister Frank-Walter Steinmeier. »Er war außerhalb Österreichs wahrscheinlich unsere wichtigste Stütze«, sagt ein Mitarbeiter des Außenministeriums. Als Kurz im Jänner 2014 zum ersten Mal nach Berlin zu Steinmeier reist, berichtet der Ältere dem Jüngeren »von den Eindrücken seiner jüngsten Israel-Reise« und schaut einmal zu ihm hinüber, als er quasi aus dem Lehrbuch der Außenpolitik vorträgt. Außenpolitik müsse auch ›in aussichtslosen Situationen immer wieder nach Ansatzpunkten suchen‹, um die Lebensmöglichkeiten von Menschen zu verbessern, so Steinmeier. Im Nahen Osten gebe es da ›viel zu tun‹. Kurz – groß, schlank, zurückgekämmte mittelblonde Haare – bedankt sich bei dem ›geschätzten Herrn Außenminister‹ aus Deutschland, so, als wäre er selbst keiner«, beschreibt der *Bonner Generalanzeiger* den ersten Besuch von Kurz beim deutschen Nachbarn.

In sein Ministerium brachte der jüngste Außenminister der Welt recht flott frischen Wind – und auch Aktionen, die vor allem Richtung Wählerinnen und Wähler zielten. Im Gegensatz zu seinen Vorgängern fliegt Kurz stets mit dem Linienflieger und in der günstigen Economy-Klasse und das, obwohl er dort mit seinen 1,86 Metern Körpergröße ziemlich eingequetscht ist. Und er führte das Duwort im Ministerium ein. Genauso wie er sich bei Schulbesuchen den Schülerinnen und Schülern mit einem »Hallo, ich bin der Sebastian« vorstellt.

Auf sein Betreiben hin dürfen nun Absolventen aller Studienrichtungen (nicht wie zuvor nur nur Jus und Wirtschaft) sofort zum »A-Préalable«, der Aufnahmeprüfung in den diplomatischen Dienst, antreten. Deutsch und Englisch müssen hervorragend sein, Französisch hat als Auswahlkriterium nicht mehr so viel Gewicht wie früher, ebenfalls eine Neuerung von Kurz. Auch sein eigenes Büro im altehrwürdigen Außenministerium am Wiener Minoritenplatz entstaubte der Minister. Statt historischer Ölschinken und Antiquitäten aus dem Fundus der Republik gibt es einen höhenverstellbaren Schreibtisch im Industriedesign und eine gemalte Karte Europas, die auf dem Kopf steht, des Künstlers Olaf Osten. Finnland liegt ganz unten, Spanien, Italien und Griechenland oben.

Österreichische Außenminister haben es nicht leicht. Das Land ist so klein, dass es kaum Bedeutung hat, die Neutralität schränkt den außenpolitischen Spielraum zusätzlich ein. Seit der Ära von Bundeskanzler Bruno Kreisky, der im Trio mit dem Deutschen Willy Brandt und dem Schweden Olof

Palme als die drei Musketiere der Sozialdemokratie noch als globaler Vermittler, speziell im Nahen Osten, auftrat, hat sich Österreichs außenpolitische Rolle stark reduziert. Mittlerweile freut man sich schon, wenn zumindest der Nachbar aus Deutschland von Zeit zu Zeit vorbeischaut.

Kurz bekennt sich zur Europäischen Union, ist aber mehr pragmatischer als glühender Europäer und einer, der den Nationalstaat durchaus stärker betont, als dies seine Vorgänger in der ÖVP taten. Von Parteifreund und EU-Politiker Othmar Karas musste sich Kurz auch anhören, ihm wäre die europäische Solidarität »wurscht«. Denn trotz seines Bekenntnisses zu einem vereinten Europa fordert Kurz, dass für EU-Ausländer in Österreich die Familienbeihilfe für deren im Ausland lebende Kinder an das Heimatland angepasst werden soll. Das würde Bürger aus den EU-Oststaaten, die in Österreich arbeiten, besonders hart treffen. Eine solche Ungleichbehandlung von EU-Bürgern wird von der EU-Kommission entschieden abgelehnt.

Als hingegen die FPÖ 2013 im Parlament den Antrag stellte, den Zugang von EU-Ausländern zur Arbeitslosen- und Sozialhilfe zu beschränken, konterte Kurz noch, die EU-Niederlassungsfreizügigkeit sei »ein großes Gut, das man nicht in Frage stellen sollte«. Die überwiegende Mehrzahl der betreffenden Personen steige nämlich sofort in den Arbeitsmarkt ein.

Zu Beginn seiner Amtszeit setzte Kurz auf Traditionelles, stellte die Länder des Westbalkans ins Zentrum seines politischen Engagements, da diese historisch mit Österreich verbunden sind. Gleich seine erste Auslandsreise führte ihn 2014 nach Kroatien.

Für seine innenpolitischen Avancen nützte er das Amt des Außenministers auf gleich zwei verschiedenen Ebenen. Zum einen gab ihm dieses Amt die Möglichkeit, sich von der Regierung abzusetzen, so zu tun, als sei er nie dabei gewesen, obwohl er neben SPÖ-Sozialminister Alois Stöger das längstgediente Mitglied in der rot-schwarzen Koalition war. Ein Ausdruck dieses Sich-von-der-Regierung-Distanzierens war wohl seine oftmalige Abwesenheit im Ministerrat, jenem wöchentlichen Regierungstreffen, in dem Gesetzesvorlagen einstimmig beschlossen werden. Dort fehlte der Außenminister nicht nur, weil er auf Reisen war, sondern zum Beispiel auch, weil er in Vorarlberg mit Schülern diskutierte. Und wenn er einmal im Ministerrat war, dann habe er sich nicht selbst zu Wort gemeldet, habe etwa den Kanzler nie selbst kritisiert, dafür aber orchestriert, wie seine Leute gegen den Koalitionspartner auftreten, erinnert sich ein rotes Regierungsmitglied.

Wie wenig er mit der Bundesregierung, der er angehörte, in Verbindung gebracht werden wollte, zeigte Kurz auch nach dem Rücktritt von Mitterlehner. Da war er zwar bereit, die ÖVP zu übernehmen. Als Vizekanzler musste aber Justizminister Wolfgang Brandstetter, der nicht einmal ÖVP-Mitglied ist, einspringen.

Zum anderen konnte er über das Amt des Außenministers Dinge so ansprechen, dass er damit innenpolitisch punkten konnte. Zum Beispiel als er im Frühjahr 2017 einen sofortigen Abbruch der Verhandlungen zwischen der EU und der Türkei forderte. Damals war längst allen in der EU klar, dass es auf absehbare Zeit keinen EU-Beitritt der Türkei geben werde, die Verhandlungen stockten seit Jahren. Es gab aus EU-Sicht keinen Grund, in dieser Situation den Konflikt mit der Türkei noch anzuheizen. Kurz tat es trotzdem und konnte damit in Österreich punkten. Denn ein EU-Beitritt der Türkei ist unter den Österreicherinnen und Österreichern extrem unbeliebt. »Die EU-Außenminister auf Kuschelkurs mit der Türkei. Nur Kurz hielt dagegen«, lobte ihn damals die Gratiszeitung *Heute*. Er mache Außenpolitik als Innenpolitik, kritisierte hingegen der Koalitionspartner SPÖ.

Kurz schreckte auch nicht davor zurück, sich in der Flüchtlingsfrage als Hardliner über Österreichs Grenzen hinaus zu profilieren, indem er die deutsche Bundeskanzlerin und eigentliche Parteifreundin Angela Merkel für deren Flüchtlingspolitik öffentlich kritisierte. »Sebastian ›Superwuzzi‹

Kurz: Wird er für Merkel zum Problem-Ösi?«, fragte damals die auflagenstarke deutsche *Bild*-Zeitung.

Aber nicht nur damit brachte Kurz Österreich international ins Gespräch. Bald nach seinem Amtsantritt fanden in Wien die Iran-Atomgespräche statt. Diese hätten eigentlich in Genf stattfinden sollen. Kurz gelang es aber, die US-Diplomatie von Wien zu begeistern.

Bei den Gesprächen saß Österreichs Außenminister zwar nicht am Verhandlungstisch, konnte aber zumindest zahlreichen prominenten Gästen wie US-Außenminister John Kerry, dem iranischen Außenminister Mohammed Javad Zarif sowie Vertretern europäischer Länder und der EU-Außenbeauftragten Catherine Ashton die Hand schütteln. Die österreichische Gastfreundschaft kam so gut an, dass US-Außenminister Kerry sich einige Zeit später wieder im Hotel Imperial am Ring eincheckte. Diesmal, um in diplomatischen Gesprächen eine Lösung des Syrienkonflikts zu finden. Der Konflikt konnte nicht befriedet werden, aber die österreichische Presse jubelte. Österreich sei Drehscheibe der internationalen Spitzendiplomatie und dass in Wien wieder der Kongress tanze, habe man Außenminister Kurz zu verdanken. Auch das deutsche Nachrichtenmagazin *Spiegel* schrieb damals, Außenminister Kurz mache »das kleine Österreich ziemlich groß«.

Kurz hatte zusätzlich das Glück, dass Österreich während seiner Amtszeit den Vorsitz der »Organisation für Sicherheit und Zusammenarbeit in Europa« (OSZE) übernahm, ein Bündnis, dem derzeit 57 Staaten angehören. Das gab ihm als Außenminister Bedeutung und noch mehr Öffentlichkeit. Auch hier passierte ihm kein Fauxpas. Er musste gleich vier OSZE-Topjobs nachbesetzen, darunter auch jenen des Generalsekretärs. Obwohl es kurz so aussah, als würde der Außenminister scheitern, meisterte er auch diese Aufgabe und nominierte unter anderem den international renommierten Experten Peter Neumann für die Position des Terror-Sonderbeauftragten der OSZE.

Je mehr sich Kurz aber ab dem Jahr 2015 als Außenminister zu Flucht und Asyl zu Wort meldete, desto stärker verwandelte sich der »Prinz Gutgelaunt« in einen »Prinz Eisenherz«, wie ihn dann auch das Nachrichtenmagazin *profil* nannte. Als Anfang September 2015 die ersten Züge mit Geflüchteten auf dem Wiener Westbahnhof ankamen, habe das »Büro des Außenministers überlegt, ob es Sebastian Kurz nicht gut anstehen würde, wenn er sich ebenfalls am Westbahnhof blicken ließe. Immerhin ist er ja auch Integrationsminister«, schreiben die *Presse*-Journalisten Christian Ultsch, Thomas Prior und Rainer Nowak in ihrem kürzlich erschienenen Buch »Flucht«, in dem sie den Flüchtlingssommer 2015 aufarbeiten. »Am Ende setzt sich aber ein Mitarbeiter durch, der findet, dass ein solcher Auftritt nicht zur restriktiven Linie passe, die man in der Asylpolitik generell vertrete.« Bundespräsident Heinz Fischer begrüßte die Geflüchteten am Bahnhof, Kardinal Christoph Schönborn ebenso. Außenminister Kurz passte ein solcher Besuch im Zentrum der Willkommenskultur nicht ins politische Profil. Dabei hatte er 2012, damals war er Integrationsstaatssekretär, noch erklärt, man müsse in Österreich »eine Willkommenskultur entstehen lassen«.

Seine Positionen zu Flucht und Integration testete Kurz auch in der Künstlerwelt, lud 2016 bekannte Schauspieler und Kabarettisten zu einer Art Brunch zu sich ins Außenministerium. Organisiert wurde diese Einladung vom Kunstmanager Herbert Fechter, der die Runde zusammenstellte. »Er hat dort seine Standpunkte zur Flüchtlingspolitik dargestellt und uns nach unserer Meinung gefragt«, erzählt eine Teilnehmerin. Manche derer, die bei diesem Künstlerbrunch im Außenministerium dabei waren, tauchten später als prominente Kurz-Unterstützer im Wahlkampf auf.

Heute weist Kurz oft und gerne darauf hin, dass er die Schließung der Balkan-Flüchtlingsroute betrieben habe, als andere noch der Willkommenskultur für Flüchtlinge des Syrien-Konflikts nachgehangen seien. Dass Kurz erstens im Alleingang die Balkanroute geschlossen habe und es ihm zweitens dadurch gelungen sei, die Zahl der Flüchtlinge, die nach Österreich kommen, massiv zu reduzieren, ist stark übertrieben, wie die *Presse*-Autoren in ihrem Buch »Flucht« nachweisen. Denn gerade Slowenien hatte daran einen großen Anteil. »Es ist nicht so wichtig, wer sich die Medaille an die Brust heftet«, wird darin der slowenische Staatssekretär Boštjan Šefic zitiert, »aber wir haben den Prozess gestartet. Es ist eine Idee des slowenischen Ministerpräsidenten gewesen.« Wobei der Staatssekretär hinzufügt, die Einführung einer Obergrenze für Flüchtlinge in Österreich sei der Wendepunkt gewesen. Auch dafür hat Kurz schon sehr früh plädiert, nannte als einer der Ersten eine Obergrenze »kein Tabu«. Dass nach der Westbalkankonferenz in Wien, die Kurz gemeinsam mit der damaligen Innenministerin Johanna Mikl-Leitner organisierte und zu der er explizit nicht Griechenland und Deutschland einlud, und bei der die Schließung dieser Fluchtroute beschlossen wurde und die Zahl der Flüchtlinge tatsächlich rapid sank, hat Kurz aber vor allem der deutschen Kanzlerin Angela Merkel zu verdanken. Der von ihr verhandelte EU-Türkei-Deal, der besagt, dass die Türkei alle in Griechenland gestrandeten Flüchtlinge zurücknimmt und dafür von der EU finanzielle Mittel zur Versorgung dieser Flüchtlinge erhält, hat die Flüchtlingszahlen rasch sinken lassen.

Der Politologe Herfried Münkler, außenpolitischer Berater der deutschen Regierung, bewertet den Beitrag von Kurz zur Bewältigung der EU-Flüchtlingskrise in einem *Falter*-Gespräch als nachrangig. Die deutsche Kanzlerin Angela Merkel wäre die treibende Kraft gewesen, vor allem hätte sie in dieser schwierigen Situation gesamteuropäisch gedacht: »Die Schließbarkeit der Balkanroute war zunächst und vor allem das Ergebnis des Türkei-Deals. Wären über die Ägäis weiterhin so viele Menschen gekommen wie 2015 und noch 2016, hätte eine aggressive Grenzsicherung gegen Flüchtlinge zum Zusammenbruch jeder Ordnung in Südosteuropa geführt. Grenzen, wie sie die EU an ihrer Südostflanke hat, verteidigt man in der Tiefe des Raumes, und die Tiefe des Raumes ist nun einmal die Westtürkei. Wenn wir uns vorstellen, die Türken hätten sich nicht auf den Deal mit Merkel eingelassen und Deutschland hätte sich nicht als ›Überlaufbecken‹ für die Flüchtenden geöffnet, dann hätten sich Menschen in Bosnien-Herzegowina, Kosovo, Mazedonien, Albanien – das sind ja alles keine Heroen der Verwaltungseffizienz – und natürlich Griechenland zurückgestaut. Das sind nicht nur schwache, fragile Staaten, sondern obendrein sind sie auch noch unterlegt mit einer hohen religiös-ethnischen Konfliktlage. Der Südostzipfel Europas wäre zusammengebrochen und Griechenland mit. Dann wäre mit einem Schlag die Eurokrise wieder aufgeflammt. Und gleichzeitig hätte man eine menschliche Katastrophe gehabt, die vielleicht mit der der Rohingyas heute vergleichbar ist. Es sind verbale Kraftmeiereien, wenn jetzt einige erzählen, sie hätten die Balkanroute geschlossen – egal ob das jetzt ein mazedonischer Präsident oder ein österreichischer Politiker ist.«

Kurz scheint aber bereit gewesen zu sein, bis zum Äußersten zu gehen. »Es wird nicht ohne hässliche Bilder gehen«, sagte er im Jänner 2016 in einem Interview mit der deutschen Tageszeitung *Die Welt.* Als der Grenzbalken zwischen Griechenland und Mazedonien hinunterging, als im Februar 2016 tausende Geflüchtete im griechischen Grenzort Idomeni festsaßen und einige hundert von ihnen zum Sturm auf die mazedonische Grenze ansetzten, habe im Kabinett von Sebastian Kurz »großes Nervenflattern« eingesetzt. »Seine Entourage rechnet mit dem Schlimmsten. Was, wenn sich bei einem Sturm auf die mazedonische Grenze ein Kind im Stacheldraht verfängt? Kann Kurz solche hässlichen Bilder politisch überleben? Ein Mitarbeiter des Außenministers setzt vorsorglich eine Erklärung auf, um im Ernstfall gewappnet zu sein«, schreiben die Autoren des Buches »Flucht«. Die Panik des Außenamts war damals, dass es bald »hässliche Bilder« vom österreichisch-slowenischen Grenzübergang Spielfeld geben könnte, heißt es aus Kurz' Kabinett. »Wir haben befürchtet, dass Mazedonien dem Andrang an der Grenze nur vier oder fünf Tage standhält«, erzählt ein Mitarbeiter, dann würden die Grenzzäune gestürmt. Und nach spätestens drei Wochen stünden an der österreichischen Grenze erst zehntausend Menschen und wenige Tage später hunderttausend und würden versuchen, ins Land zu kommen.»In den Strategiesitzungen fiel sogar der aus Deutschland hereingetragene Begriff Schießbefehl«, erzählt ein Kabinettsmitarbeiter. So weit kam es nicht. Der Großteil der Geflüchteten kam nicht weiter als in die Türkei oder nach Griechenland.

Kritik an seinem Vorgehen bekam Kurz auch aus den eigenen Reihen. Ferdinand »Ferry« Maier, langjähriger Nationalratsabgeordneter der ÖVP und ehemaliger Generalsekretär des mächtigen Raiffeisenverbands, wurde gemeinsam mit dem früheren Raiffeisen-General Christian Konrad 2015 von der Bundesregierung zum »Flüchtlingsbeauftragten« ernannt. Gemeinsam trugen die beiden viel dazu bei, rasch Notquartiere in ganz Österreich zu schaffen und die Aktivitäten der zahlreichen Helferinnen und Helfer zu bündeln. Im Sommer 2016 schlugen die »Flüchtlingsbeauftragten vor, gemeinsam mit den NGOs, der Industriellenvereinigung und der Wirtschaft eine Plattform für Integration zu bilden. Darin sollten die staatlichen Integrationsbemühungen mit jenen der NGOs und von Privaten zusammengeführt werden«, sagt Maier. Allerdings bekamen sie für diesen Plan nicht einmal von Integrationsminister Kurz Unterstützung. Als das Mandat von Konrad und Maier nach einem Jahr auslief, erklärten beide, sie würden die ehrenamtliche Funktion als Flüchtlingsbeauftragte gerne weiter ausführen, um so mitzuhelfen, dass das große Engagement in der Bevölkerung nicht versiege. Kanzler Kern und Vizekanzler Mitterlehner hielten das für eine gute Idee. »Aber Innenminister Wolfgang Sobotka und Außen- und Integrationsminister Sebastian Kurz hatten leider kein Interesse«, sagt Maier.

Kurz betont in Interviews regelmäßig, statt Flüchtlinge in Österreich aufzunehmen, müsse man stärker auf die Hilfe vor

Ort fokussieren. An sich ein vernünftiger Vorschlag. Allerdings spiegelt sich diese Idee nicht in der österreichischen Entwicklungshilfe wider. Die Gelder für die Entwicklungszusammenarbeit sind zwar unter einem Außenminister Kurz gestiegen, von 0,26 Prozent des Bruttoinlandsprodukts 2015 auf zuletzt 0,41 Prozent. Allerdings sind in diesen Hilfsgeldern auch Kosten für die Unterbringung und Verpflegung Geflüchteter in Österreich eingerechnet. Und die Summe, die Österreich sich seit langem zu zahlen verpflichtet, aber nie erreicht hat, liegt bei 0,7 Prozent des Bruttoinlandsprodukts.

Im Nationalratswahlkampf 2017 trug Kurz die Forderung nach der Schließung der Mittelmeerroute analog zur Westbalkanroute wie ein politisches Mantra vor sich her. Wer mit dem Boot an den Küsten Europas lande, solle keine Möglichkeit erhalten, hier um Asyl anzusuchen, sondern sofort wieder zurückgeschickt werden. Die Menschen, die auf dem Meer gestoppt werden, wollte Kurz nach dem australischen Modell auf Inseln festhalten oder sofort in ihre Heimat zurückschicken. Die Rettungsaktionen von Nichtregierungsorganisationen (NGOs), die im Mittelmeer vor der libyschen Küste Menschen aus überfüllten Booten und vor dem Ertrinken retten, nannte er einen »NGO-Wahnsinn«. Kurz forderte, dass Staaten, die nicht wie gewünscht kooperieren, die Gelder für Entwicklungshilfe gekürzt werden sollten. Eine durchaus populistische Forderung, die im Inland Applaus vom rechten Rand bringt, aber – abgesehen vom humanitären Aspekt – nicht das bewirkt, was sie verspricht. Denn die meisten Gelder aus dem Ausland erhalten besonders arme Staaten nicht über die Entwicklungshilfe, sondern durch Auslandsüberweisungen ihrer Staatsbürger an deren Familien im Herkunftsland.

Und er brachte im Wahlkampf Vergleiche, mit denen er seine Forderung nach Kürzung von Sozialleistungen begründete, die man zuvor nur von freiheitlichen Politikern kannte. So erklärte Kurz, er »halte es für ungerecht, wenn eine Flüchtlingsfamilie 2000 Euro erhält, obwohl sie noch nie ins Sozialsystem eingezahlt hat, und ein Pensionist, der ein Leben lang gearbeitet hat, mit nur 1000 Euro auskommen muss«. Damit Flüchtlinge auf einen Bezug von 2000 Euro kommen, muss es sich aber zumindest um eine vierköpfige Familie handeln und Kurz rechnet in seinem Beispiel zur Mindestsicherung auch die Familienbeihilfe dazu. Er vergleicht also ganz bewusst Äpfel mit Birnen.

Oder er präsentierte das Kapitel »Ordnung und Sicherheit« seines Nationalratswahlprogrammes ausgerechnet im Wiener Bezirk Rudolfsheim-Fünfhaus, und dies mit dem Hinweis, dass dies der Bezirk mit dem höchsten Ausländeranteil in ganz Österreich sei. Dort erklärte Kurz auch gleich, er wolle die »Obergrenze für illegale Zuwanderung auf null« setzen. Und er forderte im Wahlkampf härtere Strafen für Vergewaltiger, erklärte, er sehe ein »Missverhältnis bei der Bestrafung von Gewalt- und Vermögensdelikten«. Auf die Frage von *Österreich*-Herausgeber Wolfgang Fellner, der Kurz interviewte, warum es diese strengeren Gesetze noch nicht gäbe, wo doch die ÖVP seit vielen Jahren den Justizminister stelle, sagte Kurz: »Ganz richtig, aber jetzt bin ich Chef.« Tatsächlich hatte der Ministerrat bereits im August 2015 höhere Strafen für Gewaltdelikte und niedrigere Strafen für Vermögensdelikte beschlossen – und diesem Ministerrat gehörte auch Kurz als Außenminister an.

Aber solche zugespitzten Darstellungen passten eben in das neue harte Image von Kurz, das er als Außenminister nach und nach für sich kreiert hatte.

Im Nationalratswahlkampf 2017 setzte er dann voll auf die »Ausländer-Sündenbock-Strategie«. Warum gibt es Diskriminierung von Frauen, Missbrauch im Sozialsystem, einen unfinanzierbaren Sozialstaat, Kriminalität und Sicherheitsängste? Kurz' Antwort lautete immer gleich: Die vielen Ausländer sind schuld.

Und er begann auch, Ängste zu schüren, wie es zuvor vor allem das Geschäft der FPÖ war. Etwa mit der Warnung vor einer »Ausländerflut«. »Es leben derzeit in Afrika eine

Milliarde Menschen, Mitte des Jahrhunderts zwei Milliarden Menschen, Ende des Jahrhunderts laut Prognosen vier Milliarden Menschen. Wenn wir als Europäische Union hier nicht Grenzsicherheit zustande bringen, dann wird sich Europa massiv ändern, und zwar zum Negativen«, sagte Kurz im Wahlkampf. Ein Satz, der genauso gut von Ungarns Premier Viktor Orbán oder von FPÖ-Chef Heinz-Christian Strache hätte stammen könnte.

Wie überhaupt der Wahlkämpfer Kurz nun gerne rechtspopulistischen Argumentationsstrategien folgte. Etwa indem er sich zum Opfer stilisierte. Alle seien gegen ihn, alle kritisiert ihn, die Medien seien gegen ihn, weil er sich eben sagen traue, was andere nur mehr verheimlichen. Oder indem er sich als Rufer in der Wüste darstellte. Er habe das immer schon gewusst und gesagt, hätte man doch auf ihn gehört. Jetzt sei es fast schon zu spät.

Besonders deutlich ist der Wandel von Kurz' Positionen beim Thema Islam erkennbar. Im Oktober 2014 startete Kurz gemeinsam mit dem damaligen Präsidenten der islamischen Glaubensgemeinschaft eine Kampagne für junge Muslime, die extremistischen Tendenzen vorbeugen sollte. In Info-Foldern fanden sich klare Aussagen von Muslimen gegen Krieg und Terror, anhand von Aussprüchen des Propheten Mohammed wurde gezeigt, dass Islam mit Terror und Gewalt unvereinbar ist.

Parallel dazu verhandelte Kurz damals schon ein neues Islamgesetz, das zum Bruch zwischen ihm und großen Teilen der islamischen Community im Land führte. Das alte Islamgesetz, das aus dem Jahr 1912 stammt und die Grundlage für die Anerkennung der Muslime als Religionsgemeinschaft bildet, wurde von Kurz nicht einfach nur adaptiert, sondern in eine »Lex Islam« umgewandelt. So wurde der islamischen Glaubensgemeinschaft unter anderem als einziger Religionsgemeinschaft verboten, Gelder aus dem Ausland zu beziehen. »Was soll das verhindern? Haben die bisher vom Ausland bezahlten Imame Delikte begangen? Welche, und wie viele Verurteilungen liegen vor? Und: Wer hat eigentlich Mutter Teresa in Kalkutta finanziert?«, fragte damals das Nachrichtenmagazin *profil*. Das Gesetz wurde trotz massiver Kritik von Experten schließlich im Februar 2015 beschlossen.

Im Dezember 2015 präsentierte das Integrationsministerium eine Untersuchung über islamische Kindergärten in Wien. »Einmal sind wir in Wien im Taxi gefahren und der Taxler hat Kurz gefragt, wieso er nichts gegen islamische Kindergärten macht, weil dort schon die kleinen Mädchen mit Kopftuch herumrennen mussten«, erinnert sich einer von Kurz' Mitarbeitern. »Der Taxler hat sich sogar noch lustig gemacht, hat gemeint, das sei typisch Politiker. Da ist einer Integrationsminister und weiß nicht einmal, dass es islamische Kindergärten gibt.« Daraufhin hätte das Ministerium nachgeforscht. Bei der Stadt Wien habe es geheißen, es gäbe in Wien keine islamischen Kindergärten. Erst Ednan Aslan, Vorstand des Instituts für Islamische Studien an der Universität Wien, habe die Problematik gekannt. Er wurde daraufhin vom Integrationsminister beauftragt, eine Studie durchzuführen. Kurz warnte anlässlich dieser Untersuchung, dass die Bundeshauptstadt eine islamische Parallelwelt fördere und dass es in Wien 150 islamische Kindergärten gebe. »Ich bin überzeugt, dass wir zahlreiche dieser Einrichtungen sofort schließen sollten«, sagte er der *Kronen Zeitung* und behauptete, muslimische Eltern würden ihre Kinder in diese Kindergärten geben, um sie gezielt »von der Mehrheitsgesellschaft abzuschotten«, und das rote Wien praktiziere eine »Politik des Wegschauens«. Der Studienverantwortliche Aslan betonte damals, es handle sich bloß um eine Vorstudie. Kritik an der mangelnden Qualität der Studie, vor allem daran, dass nur eine äußerst kleine Zahl islamischer Kindergärten untersucht wurde, wischte Kurz einfach weg. Wenig später deckte die Wochenzeitung *Falter* auf, dass Mitarbeiter von Sebastian Kurz die Untersuchung an zentralen Stellen inhaltlich zu Ungunsten der muslimischen Eltern verändert hatten. In der Erstversion des Studienautors Aslan »lobte der Wissenschaftler, dass Eltern ihre Kinder in Islamkindergärten ›selbständig, respektvoll und liebevoll erzogen‹ wissen wollen. Kurz' Beamte, so zeigt der Korrekturmodus des Dokuments, verzerrten den Satz einfach in sein Gegenteil: Die Eltern wollen ihre Kinder ›vor dem moralischen Einfluss der Mehrheitsgesellschaft schützen‹, schreibt der *Falter*. Oder auch: »Muslimische Eltern, so schreibt Aslan in der ersten Fassung, suchen in den Islamkindergärten für ihre Kinder ›Werte wie Respekt, Gelassenheit, Individualität des Kindes, Hygiene, Zufriedenheit der Kinder, Pünktlichkeit, Liebe, Wärme und Geborgenheit, Selbständigkeit und Transparenz der Regeln‹. Ein Beamter des Außen- und Integrationsministeriums streicht all diese Worte und schreibt stattdessen: ›Besonders wichtig ist ihnen *(den Eltern, Anm.)*, dass den Kindern islamische Werte vermittelt werden‹. ›Islamische Werte‹: Das klingt nach Scharia und Kalifat und nicht mehr nach Selbstständigkeit und Individualität.«

Aslan erklärte später, sämtliche Umformulierungen seien vom Integrationsministerium mit seinem Einverständnis durchgeführt worden. Eine von der Universität Wien beauftragte Untersuchung, ob Aslan mit dieser Studie die Regeln guter wissenschaftlicher Praxis verletzt habe, kam zum Ergebnis, man könne den Studienautor im juristischen Sinn kein wissenschaftliches Fehlverhalten vorhalten. Allerdings weise die Studie sehr wohl Mängel auf. Zwar wurden die Mindestbedingungen wissenschaftlichen Arbeitens nicht unterschritten, es stehe aber »außer Streit, dass es Einfluss seitens des Ministeriums gab.«

Im Jänner 2017 schickte Kurz wiederum den Leiter seines wissenschaftlichen Beirats zur Integration, den Integrationsexperten Heinz Fassmann vor. Dieser forderte recht überraschend ein Kopftuchverbot im öffentlichen Raum. Dies sei eine Frage, die man durchaus diskutieren müsse, sagte Kurz dazu. Zuvor hatte er sich stets klar gegen ein solches Verbot ausgesprochen. Aus dem Kopftuchverbot wurde schließlich ein »Verhüllungsverbot«. Die Burka und der Niqab, ein Gesichtsschleier, der bis auf einen Sichtspalt für die Augen das ganze Gesicht verdeckt, sind seit Oktober 2017 in Österreich verboten. Mit seinem Kopftuchverbot, etwa für Lehrerinnen, konnte sich Kurz in einer rot-schwarzen Koalition nicht durchsetzen. Er konnte aber erreichen, dass Frauen in Österreich, die Kopftuch tragen, es jetzt schriftlich haben, dass sie weder Richterin noch Staatsanwältin oder Polizistin werden dürfen. Im Jahr 2011 klang seine Position noch anders. Da erklärte Kurz, er halte nichts von einem Kopftuch- oder Burkaverbot. Diese Diskussion werde »sehr populistisch« geführt: »In der Sache gewinnt man wenig.«

Aus seinem Büro heißt es dazu, nicht Kurz habe seine Positionen verändert, er habe immer dieselbe Meinung vertreten. Als Integrationsstaatssekretär habe er sich jedoch zu Fragen von Asyl und Migration nicht zu Wort gemeldet. Nur beim Thema Islam habe sich Kurz' Position verändert, sagt einer von Kurz' Beratern. »Zum einen hat Kurz 2014 rund um die Gezi-Park-Demos gemerkt, als in Wien genau die Leute, die er integrieren will, mit Türkeifahnen für Erdoğan demonstriert haben, dass es einen gewissen Klüngel dieser Erdoğan-Typen gibt, die nicht wollen, dass sich ihre Leute in Österreich integrieren.« Zum anderen sei es durch die islamistische Terrorgruppe »Islamischer Staat« zu einer gewissen populärkulturellen Bewegung der Islamisten in Westeuropa gekommen. Plötzlich hätten Salafisten auf den Schulhöfen Propagandaschriften verteilt, seien Teenie-Mädchen vollverschleiert in die Schule marschiert. »Politik muss auch mit Symbolen klarmachen, was man toleriert und was nicht«, sagt der Kurz-Intimus. »Deshalb war ihm das Burkaverbot so wichtig.«

Es gibt aber langjährige Bekannte, die den alten Sebastian Kurz in seiner neuen Rolle gar nicht mehr wiedererkennen können. »Wir waren befreundet«, sagt etwa Dudu Kücükgöl, die Vorstandsmitglied der Muslimischen Jugend war, als Kurz die Junge ÖVP in Wien übernommen hatte. Die muslimische Jugend ist der älteste deutschsprachige Jugendverein in Österreich, möchte eine »österreichisch-islamische Identität« kreieren und engagiert sich für »eine Gesellschaft ohne Diskriminierung jeder Art, freien Zugang zur Bildung und mehr Mitbestimmung für Jugendliche.« Kurz und Kücükgöl waren zur selben Zeit in der »Bundesjugendvertretung«, einem Dachverband der Jugendorganisationen, aktiv. »Wir waren gemeinsam Pizza essen, haben gemeinsame Projekte ausgeheckt und haben uns wirklich gut verstanden.« Heute erkenne sie ihren Freund von damals nicht wieder, der im Kampf um Stimmen gezielt auf die Themen Islam und Flüchtlinge setzt. »Als er Integrationsstaatssekretär wurde, hat er in einem Interview gesagt, er hat Freundinnen, die Kopftuch tragen. Wir dachten, endlich einer, der mit uns spricht und nicht nur über uns«, sagt Kücükgöl, »heute macht er Wahlkampf mit der Forderung, das Kopftuch im öffentlichen Dienst zu verbieten.« Es sei wohl der Drang an die Macht, meint seine Freundin aus Jugendzeiten, die den offenen, interessierten »Basti« von damals zum kühl und strategisch kalkulierenden Messias von heute werden ließ. Oder, wie es ein Regierungsmitglied, das nicht namentlich genannt werden möchte, ausdrückt: »Sebastian ist von seiner Haltung und seinen Überzeugungen im Grunde ein Rechtskonservativer. Aber noch stärker als sein Wertekompass ist sein Wille zur Macht ausgeprägt.«

Kapitel 6

Veränderung

Es sind die Momente, in denen das politische Establishment in Wien kurz zum Stillstand kommt – um dann umso hektischer wieder loszustarten. Als am Freitag, dem 12. Mai um 9.58 Uhr die Austria Presseagentur eine Eiltmeldung mit dem schlichten Hinweis »Aviso: Heute 11 Uhr Stellungnahme Außenminister Kurz« in den Äther schickte, schossen die Spekulationen hoch. Was kommt als Nächstes? Verabschiedet sich Kurz aus der ÖVP? Verkündet er die Gründung einer neuen Partei? Oder erklärt er endlich, dass er die ÖVP tatsächlich übernehmen will? Erst zwei Tage zuvor hatte der amtierende ÖVP-Chef Reinhold Mitterlehner entnervt den Parteivorsitz hingeschmissen mit den Worten: »Ich bin kein Platzhalter, der auf Abruf bis irgendjemand Zeitpunkt, Struktur oder Konditionen festlegt und dem die passen, hier irgendwo agiert.« Auch vor Mitterlehners Auftritt hatte es nur ein dürres Aviso gegeben: »Persönliche Erklärung Reinhold Mitterlehner, 12.30«. Und kurz danach war er als Vizekanzler und Parteichef schon wieder Geschichte.

Mitterlehner verkündete seinen Rücktritt in der ÖVP-Parteizentrale, Kurz wählte den prachtvollen Alois-Mock-Saal des Außenministeriums am Wiener Minoritenplatz. Eigentlich ein ungewöhnlicher, weil ganz und gar nicht neutraler Ort für das, was er sagen würde. Auch diesmal hatte sein Team den Auftritt minutiös durchkomponiert. Kurz, im dunklen

Anzug, weißen Hemd und krawattenlos wie immer, sprach kaum fünf Minuten lang. Wieder wurden seine druckreifen Sätze live übertragen, wieder waren Fragen der Journalisten nicht zugelassen, wieder produzierten sein persönlicher Kameramann und sein persönlicher Fotograf perfekte Bilder für alle Kurz-Kanäle. Kurz sprach nicht als Minister, auch nicht als ÖVP-Chef, sondern einfach als er, Kurz. »Sie wissen, ich bin nicht Chef der ÖVP, ich kann daher auch nicht für die ÖVP sprechen, ich kann nur für mich persönlich sprechen. Und ich glaube, die meisten von Ihnen kennen meinen Zugang: Ich bin grundsätzlich ein Freund der Klarheit. Ich versuche, das zu tun, was ich persönlich für richtig erachte und das auch unabhängig davon, ob es gerade populär ist oder nicht.« Und richtig, das war aus seiner Sicht, nicht mehr die Politiker, sondern das Volk darüber entscheiden zu lassen, »in welche Richtung sich ein Land jetzt wirklich genau entwickeln soll«, um endlich »Veränderung in Österreich möglich zu machen«. Und das spreche er als Einziger jetzt einfach aus, im Wissen, dass es sich andere nicht trauen und es viele in der Regierung es anders sehen würden.

Da waren sie wieder, die Schlüsselwörter, die Kurz' Image im kommenden Wahlkampf schon vorwegnahmen und die er und sein Team in den langen, internen Vorbereitungen für ihn festgelegt hatten. Veränderung, Klarheit, Neues wagen und Wahrheiten wieder aussprechen. Es sind die logischen Themen in Zeiten der Krise des Parteiensystems, die sich in Österreich als Verdruss an der einst als so stabil, verlässlich und ausgleichend angesehenen Großen Koalition manifestiert. Der Politiker-Typus, der die Antwort darauf sein will, kommt im Idealfall von außerhalb des Systems, gründet eine Bewegung, wirkt jung, dynamisch und frisch, meistens auch metrosexuell, also für Männer und Frauen gleichermaßen attraktiv, wie ein einziges Versprechen an die Zukunft. Auch in Kurz' Neuerfindung als Kanzlerkandidat war viel Missionarisches, fast schon Verheißungsvolles, Erlösendes und Heilendes dabei. Der junge, unverbrauchte Mann, der den in die Jahre gekommenen, kränklichen Patienten Staat wiederbeleben will. Der dabei die Demokratie rettet und die Menschen von Zank und Dauerwahlkampf befreit. Und der letztlich mit all seinen Ansagen die Sehnsucht nach der ordnenden Hand und dem starken Führer bedient.

Denn Österreichs Gesellschaft hat aus ihrer Geschichte heraus ein starkes autoritäres Grundpotential und ist ein strukturell konservatives Land. Auch wenn es sich – nicht zuletzt aufgrund der langen Kanzlerschaft Bruno Kreiskys (SPÖ) in den 1970er- und 1980er-Jahren – lieber als skandinavisch geprägtes, sozialpartnerschaftliches, fortschrittliches Land sieht. Aber die Sozialforschung spricht eine andere Sprache. Eine linke Mehrheit gab es nur in den 1970er-Jahren, und selbst da wirkte sie nicht nachhaltig. In einer großen Autoritarismus-Studie aus dem Jahr 1978 – also mitten in den Kreisky-Jahren – sprach sich eine Mehrheit für die Todesstrafe aus, 67 Prozent wollten strengere Strafen für Transvestiten, 80 Prozent meinten, dass »Verbrecher heute zu milde bestraft werden«. Diese Basis nährt bis heute eine der größten und stabilsten radikalen Rechten in Europa. In der »Europäischen Wertestudie« ist Österreich bei der Ablehnung von Migranten, Muslimen und »Menschen anderer Rasse« Spitzenreiter unter Europas Demokratien. Seit Jahrzehnten wünschen sich 20 Prozent der Befragten bei politischen Meinungsumfragen einen »starken Führer«. Das erklärt auch, warum die FPÖ, die geschickt diese autoritären Codes nutzt, so erfolgreich ist. Im Jahr 2007 hatten 71 Prozent der Österreicher die Aussage, »wir brauchen einen starken Führer, der sich nicht um Parlament und Wahlen kümmern muss«, strikt abgelehnt. 2016 sind es nur mehr 36 Prozent, die dieser Aussage ganz klar widersprechen.

Jeder andere Politiker hätte für das Ausrufen von Neuwahlen den berühmten »schwarzen Peter« bekommen, nicht Kurz. »Teflon-Effekt« nennen politische Beobachter dieses Phänomen. ÖVP-Chef Wolfgang Schüssel versuchte es 1995, mit einem Budget-Wahlkampf (»Schüssel-Ditz-

Kurs«), sein Nachfolger Wilhelm Molterer 2008 mit einem eher verzweifelten »Es reicht!«. 1995 gewann die ÖVP nur 0,63 Prozentpunkte dazu, 2008 verlor sie 8,35 Prozentpunkte. Aber aus Kurz' Koalitionsbruch wurde in der medialen Berichterstattung ein »Plädoyer für Neuwahlen«, eine Art Befreiungsschlag. An jedem anderen Politiker wären auch die Streitigkeiten, Intrigen und Hackeln ins Kreuz hängen geblieben, die Kurz und sein Team gegenüber der SPÖ bis zum Koalitionsbruch betrieben. Jedem anderen hätte man auch übelgenommen, wie er seinen Vorgänger, Reinhold Mitterlehner, scheibchenweise desavouierte. Nicht so bei Kurz.

Den ganzen Wahlkampf über gelang es Kurz, das umzusetzen, was er und sein Team sich vorgenommen hatten. Sich nicht in Klein-Klein-Themen aufreiben lassen, sondern sich möglichst auf der Metaebene halten. Solange es geht diffus bleiben, um als Projektionsfläche für alle möglichen Wünsche fungieren zu können. Es waren die immer gleichen, wohlformulierten und prägnanten Sätze, die Kurz von sich gab, wenn Journalisten versuchten, seine Politik zu verorten. Sein Stil sei ein »sachlicher« und er werde »andere nicht anpatzen oder versuchen, schlechtzumachen«. Und er wolle »Probleme nicht schönreden, sondern Wahrheiten aussprechen«. Dieses Leitmotiv wandelte er immer wieder ab, er sagte in Interviews auch Wahrheiten »offen aussprechen«, »ehrlich aussprechen« oder »wieder aussprechen« – wie es dann auf einem der ersten Plakate der Kurz-Kampagne hieß. Besser hätte sich Kurz' Grundstrategie des Ungefähren nicht in Worte fassen lassen.

Die Ausgangslage Anfang des Jahres 2017 war kompliziert. Dass er als ÖVP-Chef ein Mann des Übergangs sein wird, war Mitterlehner immer klar. Er sah sich als der, der das Koalitionsgeschäft erledigt, damit die nächste Generation, allen voran Kurz, sich in aller Ruhe auf den Tag X vorbereiten kann. Leben und leben lassen. So war es zwischen Mitterlehner und Kurz ursprünglich abgemacht gewesen. Dazu hätte auch gehört, Mitterlehners Gegenüber in der Koalition, Kanzler und SPÖ-Chef Christian Kern, nicht über die Maße zu reizen.

Kern wiederum wusste immer, dass er es nicht mit einer, sondern mit zwei Volksparteien als Koalitionspartner zu tun hatte. Die Regierungsfraktion, angeführt von Mitterlehner, und die Obstruktionsfraktion, angeführt von Innenminister Wolfgang Sobotka, im Hintergrund orchestriert von Kurz, der in allen schwarzen Ministerkabinetten und auch in Reinhold Mitterlehners engster Umgebung seine Vertrauensleute platziert hatte.

Auch Kern selbst hatte immer wieder mit einer Neuwahl geliebäugelt, gleich nach seinem Amtsantritt im Mai 2016, aber da war ihm die Wiederholung der Präsidentschaftswahl dazwischengekommen. Dann erneut im Jänner 2017 nach der Präsentation seines »Plans A«, aber da hatte er sich auf die »konstruktive« Seite Mitterlehners geschlagen. Auf Druck der Gewerkschaften und der Arbeiterkammer, die nie neu wählen wollen, und letztlich auch, weil sein Berater Silberstein ihm davon abgeraten hatte, weil er hoffte, dass sich Kurz abnützen würde, je länger er als ÖVP-Chef im Amt sei.

Die Fronten in der Regierung verliefen also paradoxerweise zwischen dem Team Kurz und dem Team Kern / Mitterlehner – und das schon seit längerem. Erste Irritationen hat es bereits im Frühjahr 2016 gegeben. Zwischen 22. und 31. März 2016 ließ Kurz seine Imagewerte in einer bundesweiten Telefonumfrage von der Arge Wahlen unter Leitung von Franz Sommer abfragen, die seit Jahren Umfragen für die ÖVP macht. Die Ergebnisse des »M & R Instituts für Marktforschung und Regionalumfragen« zeigten die blendenden Persönlichkeitswerte von Kurz – aber auch seine Schwächen.

89 Prozent der Befragten attestierten ihm »eine sympathische Ausstrahlung«; 61 Prozent »ein Gespür für die Sorgen und Ängste der Österreicher«; 63 Prozent, dass er »in der Flüchtlingsfrage als Erster eine vernünftige Position« hatte; 81 Prozent, dass er auch »unpopuläre Standpunkte« vertrete;

86 Prozent hielten ihn gar für »die Zukunftshoffnung der ÖVP«. 37 Prozent fanden Kurz »bei Fernsehauftritten zu glatt und zu perfekt«. 41 Prozent glaubten, er verberge »geschickt sein persönliches Machtstreben«; 26 Prozent, er sei »konservativer, als er sich in der Öffentlichkeit gibt«; 28 Prozent, er sei »manchmal zu arrogant und selbstgefällig«. Auf die Frage, wie sich Kurz als Bundeskanzler machen würde, meinten nur 14 Prozent, er sei als Kanzlerkandidat »ein unkalkulierbares Risiko«; 66 Prozent glaubten bereits, »ein Kanzlerkandidat Kurz würde den Stillstand in der Politik durchbrechen«; 47 Prozent hielten ihn allerdings für »noch zu jung, um an die Spitze seiner Partei beziehungsweise einer Bundesregierung zu treten«.

Auch die Sonntagsfrage wurde gestellt. Eine ÖVP unter Kurz würde signifikant, ja sogar um mehr als zehn Prozentpunkte besser abschneiden als eine ÖVP unter Mitterlehner, kam dabei heraus. Kurz sollte diese Umfrage in den nächsten Wochen bei den schwarzen Landeshauptleuten, Bundesobmännern und Abgeordneten immer wieder ins Spiel bringen. Abgeordneten machte er deutlich, dass sie, wenn sie auf ihn setzen würden, eine weit bessere Chance hätten, wieder in den Nationalrat einzuziehen, als mit dem aktuellen Parteiobmann. »Seht her, was ihr mit mir haben könntet!«, lautete die unausgesprochene und Mitterlehner gegenüber ganz und gar nicht freundliche Botschaft.

Noch bevor ruchbar wurde, dass Christian Kern neuer SPÖ-Chef werden könnte, sondierten Kurz und sein Team die Stimmung für einen vorzeitigen Obmannwechsel, Koalitionsbruch und Neuwahlen, erinnert sich ein damaliger ÖVP-Grande. Aber den Länderchefs war das zu überhastet und sie sahen die Partei nicht gut genug aufgestellt für einen schnellen Wahlkampf. Das war der Moment, als Kurz und sein Team ernsthaft mit den Planungen für einen Machtwechsel begannen und das Projekt »BPO« (Bundesparteiobmann) aufsetzten und parallel dazu mit den NEOS und der Präsidentschaftskandidatin Irmgard Griss über eine

Wahlplattform verhandelten. Mehr als einen Plan haben, das gehört zu Kurz' Grundregeln. »Wir hatten bei unseren regelmäßigen Strategiesitzungen ab August 2016 die Frage ›Zustand der ÖVP-Obmannschaft‹ als letzten Punkt auf der Liste«, erzählt ein Kabinettmitglied. »Ende 2016 war es dann auf Punkt 3 oder 4 und irgendwann auf der 1. Stelle unserer Sitzungsthemen.«

In dieser Zeit begann Kurz auch intensiv, Kontakt zu Wirtschaftstreibenden zu suchen und um Geld für seine geplante Kampagne anzufragen. Gut möglich, dass er sich zu diesem Zeitpunkt dachte: Wenn mich die Partei am Ende nicht so nimmt, wie ich mir das vorstelle, finanziere ich mir meine Wahlbewegung selber. Umfangreiche Namens-listen wurden erstellt – nicht nur für potenzielle Sponsoren, sondern auch für Kandidaten für die Nationalratswahl und mögliche Mitglieder in Unterstützungskomitees. Neben später bekannt gewordenen Spendern wie KTM-Chef Stefan Pierer und ÖVP-nahen Managern wie Andreas Treichl (Erste), Günther Ofner (Flughafen Wien) und Heinrich Schaller (Raiffeisenbank International) fanden sich Künst-ler wie Erwin Wurm und der Schauspieler Tobias Moretti in der Kurz-Datenbank.

Hätte die Präsidentschaftsstichwahl vom 22. Mai 2016 nicht wiederholt werden müssen, hätte sich der Konflikt zwischen Kurz, Mitterlehner und Kern vermutlich schon im Herbst des Jahres 2016 entladen. So aber war die Frage, wer Neuwahlen vom Zaun bricht, quasi bis zur Wiederholung der Stichwahl am 4. Dezember eingefroren. Oder besser gesagt: Der Kon-flikt brodelte weiter und entlud sich mit noch größerer Hef-tigkeit zu Jahresbeginn 2017.

Damals belauerten Kern und Kurz einander bereits gegen-seitig, wie in einem Mikadospiel. Wer bricht die Koalition als Erstes? Wer bekommt den schwarzen Peter? Der Zeitplan war klar vorgegeben: Landtagswahlen in Niederösterreich, Kärn-ten, Salzburg und Tirol sowie die EU-Ratspräsidentschaft

Österreichs machten planmäßige Wahlen im Jahr 2018 unattraktiv, es musste also spätestens im Herbst 2017 gewählt werden. Weil die Auflösung des Parlamentes eine gewisse Vorlaufzeit hat, war auch klar, dass der Neuwahlantrag spätestens vor dem Sommer durchs Parlament gehen musste.

Kurz wollte die unbefleckte Empfängnis von Kanzlerschaft und ÖVP-Obmannschaft. Nichts sollte seine weiße Weste besudeln. Kein innerparteilicher Streit, keine koalitionären Kompromisse. Schon gar nicht der Makel, einen Koalitionsbruch herbeigeführt zu haben. Diese Rolle sollte Mitterlehner für ihn übernehmen.

Kurz hielt sich raus, wie schon in den Monaten zuvor, und gab den »Chefkommentator der Regierung«, wie das Ex-ÖVP-Chef Erhard Busek bereits ein Jahr zuvor sehr launisch beschrieben hatte. Über Monate hinweg konnte man tatsächlich den Eindruck gewinnen, dass Sebastian Kurz gar nicht Teil der österreichischen Bundesregierung war: Keiner fehlte öfter in den Ministerratsbesprechungen, keiner bemühte sich mehr, wie ein Motivationscoach von außen gute Ratschläge zu geben, wie man es besser machen könne, aber nur ja nicht selber in die Ziehung zu kommen.

Ende Jänner schrammte Österreich bereits knapp am Koalitionsbruch vorbei. Kern und Mitterlehner hatten sich auf ein aktualisiertes Arbeitsprogramm geeinigt, das sich »Für Österreich« nannte und auf 35 Seiten Maßnahmen im Ausmaß von vier Milliarden vorsah. Es sollte nach einem langen Verhandlungswochenende von allen Ministern unterschrieben werden und kann rückblickend als letzter Akt großkoalitionärer Kompromisslogik gesehen werden, fanden sich darin doch zentrale Punkte aus Kerns »Plan A«, aber mindestens ebenso viele langjährige Forderungen der ÖVP.

Die SPÖ freute sich über 20 000 geförderte Arbeitsplätze für ältere Langzeitarbeitslose und Gratis-Tablets und Gratis-Laptops an den Schulen, die ÖVP über Lockerung der Zumutbarkeitsbestimmungen sowie die Senkung der Lohnnebenkosten bei Schaffung neuer Jobs. Und Kurz bekam sein

Burkaverbot und das Neutralitätsgebot in Teilen des öffentlichen Dienstes (deutlich weniger als das von ihm geforderte Kopftuchverbot); das ebenfalls von ihm mitverhandelte verpflichtende Integrationsjahr, ein Herzensanliegen von SP-Staatssekretärin Muna Duzdar, war ihm vergleichsweise egal, erinnert sich ein SPÖ-Politiker, der bei den Verhandlungen dabei war.

Kanzler Kern wollte, dass alle Regierungsmitglieder den neuen Pakt unterschreiben – als Zeichen ihres Commitments. Die ÖVP war misstrauisch. War das eine Finte? Wollte Kern vielleicht doch wählen und würde die ÖVP mit den Unterschriften im Wahlkampf vor sich hertreiben? Ließe sich der Pakt umgekehrt für die ÖVP im Wahlkampf nutzen? Könnte er ein Anlass für einen Koalitionsbruch sein? Die Partei schwankte und suchte nach einer gemeinsamen Linie.

Nur Justizminister Wolfgang Brandstetter versicherte seinen Gesprächspartnern in der SPÖ per SMS, er werde auf jeden Fall unterschreiben. Es war Innenminister Wolfgang Sobotka, Kurz' Scharfmacher in der Regierung, der am hartnäckigsten die Geduld aller Ministerkollegen strapazierte. Auch Familienministerin Sophie Karmasin, Umweltminister Andrä Rupprechter und Kurz hatten lange gezögert, dann aber eingelenkt. Nicht so Sobotka. Er verweigerte noch Stunden vor dem endgültigen Beschluss im ÖVP-Bundesparteivorstand seine Unterschrift unter das neue Arbeitsübereinkommen. Zwischen Kanzler Kern, Vizekanzler Mitterlehner und Bundespräsident Van der Bellen kam es am Montagmorgen des 30. Jänner 2017 zu ernsthaften Szenarien-Abwägungen. Was, wenn Van der Bellen Sobotka auf Kerns Vorschlag entließe? In der Verfassung ist vorgesehen, dass ein Minister vom Bundespräsidenten auf Vorschlag des Kanzlers abgelöst werden kann. Schnell wurde klar, dass dann auch Mitterlehner als Vizekanzler zurücktreten müsste und damit die Koalition beendet wäre.

Letzten Endes unterzeichnete Sobotka den Pakt dann doch, und musste sich für sein Verhalten bei Kern persönlich entschuldigen. Die Machtprobe zwischen Kurz und Mitterlehner war noch einmal knapp zu Gunsten Mitterlehners ausgegangen. Die Meinung, dass das Arbeitsübereinkommen ein ordentliches sei und nicht als Grund für einen Koalitionsbruch taugen würde, hatte sich in der Partei durchgesetzt.

Aber der Konsens hielt nicht lange und das Team Kurz drehte weiter an der Eskalationsspirale. »Wir vereinbaren Ganztagsschulen und reden plötzlich über eine Flüchtlingsobergrenze, wir vereinbaren ein Wachstumspaket und diskutieren über Demoverbote. Wir vereinbaren Beschäftigungspakete und reden über eine Hammer-und-Sichel-Broschüre«, sollte Kern später beklagen, in Anspielung auf eine Broschüre, in der vor Rot-Grün gewarnt und der Sozialdemokrat Kern als Marxist im Sowjet-Stil mit Hammer und Sichel dargestellt wurde. Sie war nur eine von vielen unfreundlichen Aktionen, die an Mitterlehner vorbei von Kurz' Vertrauensleuten an die Öffentlichkeit gespielt wurden. Regierungswillige Schwarze beeilten sich ihrem sozialdemokratischen Gegenüber zu versichern, dass das nicht in ihrem Sinne sei, und manche entschuldigten sich sogar dafür.

Die Regierungsarbeit wurde – aus der Sicht des Teams Kern / Mitterlehner – nun fast täglich sabotiert. Längst hatte Kurz eine Art Parallelstruktur in den Ministerien etabliert. In jedem ÖVP-Kabinett, in der Bundesparteizentrale, in den Bünden und in den Bundesländern hatte Kurz einen Vertrauensmann sitzen, nur nicht im direkten Umfeld von Wirtschaftsminister Mitterlehner. Es waren zermürbende Wochen für alle Beteiligten.

In dieser Phase zeigte Kurz, dass er es nicht nur blendend verstand, Themen in seinem Sinne zu verkaufen, sondern dass er auch das klassische Handwerk der Politik-Intrige versteht. Die Öffentlichkeit bekam nur das freundliche, ausgeglichene und gelassene Gesicht des Außenministers zu sehen. Seine Parteifreunde lernten ihn als beinharten Machtmenschen kennen, sein Koalitions-Gegenüber als schwer in Griff zu kriegenden Gegner.

Ganz anders ist die Erzählung aus Kurz' engstem Kreis. Dort betont man, dass der junge Star der Konservativen alles andere als einen klaren Plan, um an die Machtspitze zu gelangen, hatte. »Er hätte sich leicht noch ein, zwei Regierungsperioden gedulden können, war völlig zufrieden mit seiner Aufgabe als Außenminister.« Aber in der Politik sei man von vielen verschiedenen Kräften gesteuert. »Da waren die Medien, die Kurz als neuen ÖVP-Chef herbeigeschrieben haben, da war die Ungeduld in der Basis, die mit der Performance der ÖVP in der Regierung nicht zufrieden war.« Ab Ende 2016 habe der kleine Kreis rund um den Außenminister begonnen, sich auf die Machtübernahme vorzubereiten. »Wir haben uns auf den vorhersehbaren Fall der Fälle vorbereitet. Als Mitterlehner dann im Mai 2017 plötzlich alles hinschmiss, war das auch für uns eine Überraschung.«

Der Wendepunkt kam am Montagabend des 8. Mai 2017, dem Tag der Republiksfeierlichkeiten zum Ende des Zweiten Weltkrieges und dem Tag der Kapitulation des Nazi-Regimes. Einmal mehr war es Innenminister Sobotka, der den Provokateur spielte. Er hatte Kern am Wochenende in einem *Kurier*-Interview »Versagen« vorgeworfen und im Stil eines Oberlehrers mit der Regierung abgerechnet. Mitterlehner erwähnte er nicht, aber es war klar, dass er mitgemeint war. Sobotka und Mitterlehner hatten sich am Vortag noch bei einem offiziellen Termin getroffen, Sobotka hatte nichts von seiner dräuenden Abrechnung erwähnt.

Kern und Mitterlehner trafen einander am Abend des Feiertages in der Osteria d'Atri, einem kleinen, feinen apulischen Lokal nahe dem Kanzleramt zum Abendessen. An diesem Abend mussten Mitterlehner und Kern einander endgültig eingestehen, dass das gleichzeitige Regieren und Kampagnisieren nicht mehr funktioniert. Der Druck des Kurz-Flügels in der ÖVP war zu stark geworden. Noch einmal stand im Raum, Sobotka zu entlassen. Mitterlehner sondierte die Stimmungslage in der Partei, aber sie war inzwischen eindeutig Pro-Kurz. Vor allem Niederösterreichs neue Landeshauptfrau Johanna Mikl-Leitner legte sich quer. Damit war klar, dass Mitterlehner keine Hausmacht mehr in der Partei hatte. In den gleichen Stunden rief auch Kurz die schwarzen Landes- und Bundeschefs durch. »Ich putsche nicht gegen Mitterlehner«, »Ich habe mit dem Theater nichts zu tun« und »In diesem Zustand übernehme ich die Partei sicherlich nicht«, soll er gefunkt haben, berichtete die *Kleine Zeitung*. Kurz brachte dann auch noch Sobotka dazu, sich bei Kern persönlich für seinen Ausritt zu entschuldigen.

So kam es, dass Mitterlehner am 10. Mai 2017 seinen Rücktritt überraschend und sichtlich enerviert vor allem damit begründete, dass er es satt habe, der »Platzhalter« für Kurz zu sein, und diesen als Abschiedsgeschenk dazu zwang, zumindest für das Sprengen der Koalition selbst die Verantwortung übernehmen zu müssen. Für Kurz kam dieser Rücktritt zwei Monate zu früh, denn eigentlich wollte er – laut seinem ursprünglichen Strategiepapier – die Partei übernehmen und gleich in den Wahlkampf starten, um nur ja nicht in den Alltag des Regierens hineingezogen zu werden. Irgendeine Form der Rache dürfte sich wohl auch Mitterlehner überlegt haben.

Das Team Kurz streute eine andere Version des Koalitionsendes, in der Hauptrolle Kanzlersohn Niko Kern, Mitglied der SPÖ-«Sektion ohne Namen«. Nicht die ÖVP, sondern die SPÖ habe Mitterlehner aufgeben lassen, lautete das Narrativ. Kerns Sohn habe im Vorfeld des Mitterlehner-Rücktritts gezielt Gerüchte über den anstehenden Rücktritt Mitterlehners verbreitet, wurde kolportiert. Tatsächlich hatte Kern junior bei Jim Lefebre, dem Pressesprecher des VP-Justizministers, per SMS angefragt, was an dem schwelenden Rücktrittsgerede Mitterlehners denn dran sei. Lefebre machte Screenshots von dieser privaten Unterhaltung, die dann an führende schwarze Funktionäre verschickt wurde und kurze Zeit später in verschiedenen Medien auftauchte.

Kurz und dessen Team verfolgen in ihrer Medienarbeit eine simple Maxime: dem politischen Mitbewerber und den recherchierenden Medien immer einen, am besten zwei Schritte voraus sein. Regisseur und nicht Darsteller sein. Und nur die positiven Botschaften übermitteln. Auf den eigenen Kanälen – via Facebook, E-Mail-Nachrichten, Instagram und Twitter – lässt sich dieses Botschafts-Regime – im englischen Message Ccontrol – ohnehin einfach verwirklichen. Die klassischen Medien pflegt Kurz persönlich, etwa, indem er regelmäßig mit den Chefredakteuren oder den leitenden Redakteuren der politischen Ressorts direkten telefonischen Kontakt hält.

Für alles, was unter Negative oder Dirty Campaigning fällt, also angriffige, sachpolitische (negative) bis untergriffige, ins Persönliche gehende (dirty) Attacken, waren im Wahlkampf nicht direkt mit Kurz verbundene Akteure zuständig. Etwa ehemalige Pressesprecher der ÖVP, die inzwischen als selbständige PR-Berater arbeiten. Manche von ihnen, etwa der Wiener Berater Daniel Kapp, fanden besonderen Gefallen an ihrer neuen Rolle. Im Privatfernsehen trat Kapp als Kurz-Berater auf und in der Hochzeit des Wahlkampfes benannte er seinen Twitter-Account – in Anspielung auf die US-Serie »House of Cards« – in »House of Kapp« um.

Kurz' offiziellen Pressesprechern ist mehr Diskretion auferlegt. Sie treten selten namentlich, sondern nur als »ein Sprecher der ÖVP« auf. Eine Ausnahme musste nur Gerald Fleischmann machen, Kurz' persönlicher Pressesprecher. Eine Maxime der ÖVP-Pressearbeit lautet: nur zugeben, was man zugeben muss. Bei den Strategiepapieren des Kurz-Teams, die vom *Falter* veröffentlicht worden waren, wurde ähnlich agiert. Zuerst behauptete die ÖVP, die Strategiepapiere seien eine komplette Fälschung, danach, als der *Falter* nachweisen konnte, dass entscheidende Passagen von den Kabinettsmitarbeitern von Kurz bearbeitet worden waren, wurde die Authentizität der Papiere zumindest »in Teilen« bestätigt. Gleich darauf begannen die ÖVP-Medienprofis mit der Umdeutung. Was sei denn so spannend an diesen Papieren? Man könne Kurz doch nicht vorwerfen, dass er sich vorbereitet hat. Das spreche doch für ihn! Was passiert, wenn man sich nicht derart gut auf neue Aufgaben vorbereite, könne man doch bei den anderen Parteien sehen. Auch das stimmt. Sebastian Kurz ist ein Politiker, der mit den gewohnten Usancen zu brechen bereit ist und verändern will. Das erfordert ein Mehr an Vorbereitung, ein Mehr an Strategie, ein Mehr an Mut, ein Mehr an Willen und auch ein Mehr an Risikobereitschaft. All das sind Eigenschaften, die Kurz auf seinem bisherigen Weg gezeigt hat.

Die Stärke von Kurz' Team könnte gleichzeitig auch seine größte Schwäche sein: Wer eingeschworen ist und sich blind versteht, wer seit Jahren durch widrigste Umstände – die in der Spitzenpolitik meistens herrschen – zusammengeschweißt wurde, läuft Gefahr, in einer Blase zu leben. »Wagenburgmentalität« nennt man dieses Phänomen in der Politik, und es tritt im Umfeld von Ministern häufig auf. Nichts ist schlimmer, als von Jasagern und Schmeichlern umgeben zu sein. Von zwar wohlmeinenden Mitarbeitern, die einen im Grunde beschützen wollen, aber einen dabei systematisch von unangenehmen oder irritierenden Informationen fernhalten und so langsam, aber sicher in eine Parallelwelt abgleiten lassen. Gesellen sich Hybris oder Eitelkeit dazu, wie meist, wenn man auf einer politischen Erfolgswelle surft, kann es gefährlich werden. »Kurz selbst ist geerdet. Aber dass der Erfolg und die Macht seinem Team in den Kopf steigen, ist nicht auszuschließen«, warnt eine langjährige Freundin und Wegbegleiterin. Schon heute gilt Kurz' Küchenkabinett als schwer zugänglich und »tough«, also »hart«.

Aber welche Verschiebungen hat das Jahr 2017 aus politologischer und zeithistorischer Sicht gebracht und welche Rolle hat Kurz dabei gespielt? Auch Europa blickte im Wahljahr nach Wien, nicht nur, weil man sich dafür interessierte, wie die FPÖ nach dem Rückschlag der Rechtspopulisten in Frankreich abschneiden würde, sondern auch, weil genau beobachtet wurde, welche Antwort auf die Gefahr von rechts schlagkräftiger ist. Jene von Sebastian Kurz oder jene von Christian Kern. In beiden Fällen stellten sie so etwas wie die Ultima Ratio, den letzten Versuch der österreichischen Altparteien dar, ihre Vormacht zu erhalten.

»Österreich ist eine kleine Welt, in der die große ihre Probe hält«, ist ein geflügelter Satz Friedrich Hebbels über dieses Land. Was den Umgang mit der rechtspopulistischen FPÖ angeht, stimmt er. Die österreichische Öffentlichkeit hat – im Gegensatz zu Deutschland – alle Phasen der Debatten über den »richtigen« Umgang mit der extremen Rechten bereits hinter sich. Inwiefern machen Medien sie groß, wenn sie über sie berichten? Soll man sie besser totschweigen? Ignorieren? Gegen sie agitieren? Oder sich mit ihren Inhalten und Parolen sachlich auseinandersetzen?

Die FPÖ hat innerhalb der Parteien der extremen Rechten in Europa eine Sonderrolle. Ihr Vorläufer, der »Verband der Unabhängigen«, wurde 1949 als Sammelbecken ehemaliger Nationalsozialisten gegründet und ist damit quasi im System der Zweiten Republik – also Nachkriegsösterreichs – implementiert. 1955 wurde der VdU zur FPÖ. Das erklärt, warum sich bis heute vor allem die FPÖ-Funktionärselite aus dem Milieu nationaler, bisweilen rechtsextremer Burschenschaften rekrutiert. Die Gründung des VdU erfolgte unter Duldung der Westalliierten und ausgerechnet der Sozialdemokraten, die damals hofften, das bürgerliche Lager so zu spalten und zu schwächen. Man könnte auch sagen: Die sozialistischen Nachkriegspolitiker haben sich die Partei, die ihnen ab den 1990er-Jahren die Arbeiterinnen und Arbeiter als Wählerbasis wegnahm, selbst eingebrockt. Für den Historiker Oliver Rathkolb ist das sogar »der Sündenfall der Zweiten Republik«.

Einige Jahrzehnte hindurch war die FPÖ bloß eine national-liberale Kleinstpartei. Der Bruch kam mit Jörg Haider,

der die FPÖ 1986 putschartig übernahm. Haider formte die FPÖ zu jener rechtspopulistischen Partei, die sie bis heute ist. Haiders historisch motivierten Antisemitismus ersetzte dessen Nachfolger Strache durch den seit den von Islamisten in der westlichen Welt verübten Terroranschlägen viel nachgefragteren Antiislamismus.

SPÖ und ÖVP haben gegenüber der FPÖ bereits alle denkmöglichen Haltungen eingenommen. Sie haben die FPÖ in den letzten sieben Jahrzehnten verteufelt, sich von ihr abgegrenzt, sie zu zähmen versucht, sie umworben, instrumentalisiert, vereinnahmt, imitiert, dann 1983 und 2000 mit ihr koaliert – immer in der Hoffnung, dass sie danach schwächer werden würde oder ganz zerbricht. Vergeblich. Egal, welche Strategie Sozialdemokraten oder Bürgerliche wählten, es funktionierte bislang nicht. Die FPÖ brach wenn, dann nur vorübergehend ein und erholte sich dann wieder. Die eine Methode, um die FPÖ zu neutralisieren, gab es bis dato also nicht.

SPÖ-Chef Kern probierte es mit Annäherung. Gleich nachdem er im Mai 2016 die Partei übernahm, beendete er die »Ausgrenzung«, die SPÖ-Kanzler Franz Vranitzky im Jahr 1986 ausgerufen hatte. Er ließ einen »Kriterienkatalog«, eine Art Gesprächsleitfaden als Basis für allfällige Koalitionsgespräche mit der FPÖ, erarbeiten und begann, FPÖ-Wähler als verlorengegangene SPÖ-Wähler wieder anzusprechen. Beim SPÖ-Parteitag im Juni 2016 forderte er die Genossinnen und Genossen auf: Man könne die blauen Wähler begeistern, aber nicht, indem man ihnen vorschreibe, dass »Multikulti eine super Sache« zu sein habe. Nicht, indem man ihnen sage, ihr habt uns falsch verstanden. Sondern indem man ihnen zeige, dass man immer ihre Partei war und jetzt wieder »Schulter an Schulter« Politik für sie machen will.

ÖVP-Chef Kurz wählte den Weg der Angleichung. Er übernahm FPÖ-Positionen und präsentiert sie weniger aggressiv, geradezu höflich, manierlich und positionierte seine ÖVP so als FPÖ light.

Die Strategie des höflicheren Rechtspopulisten von Kurz war letztlich erfolgreicher als Kerns Verständnisoffensive. Aber zu welchem Preis? Indem Kurz im Wahlkampf konsequent auf Themen wie Sicherheit, Migration und Sozialstaats-Chauvinismus setzte, rückte er den politischen Diskurs nach ganz rechts. Dies nutzte am Ende beiden österreichischen Rechts-Parteien – der alteingesessenen FPÖ, die 26 Prozent der Stimmen bekam, und der neuen ÖVP, die 31,5 Prozent erreichte. Zusammen kamen sie so auf eine solide Mehrheit der österreichischen Wählerinnen und Wähler.

Die Sehnsucht nach Führung und der Ruck nach rechts waren die Signale, die Österreichs Wahl nach Europa sendete. Eine Antwort auf die Frage, wie man Rechtspopulisten eindämmt, fand sich darin ganz sicher nicht. Eher, wie man sie auf Dauer etabliert. In Österreich galt unter Politologen und Meinungsforschern lange folgender Satz: Die Wähler gehen zum Schmied, nicht zum Schmiedl. Übersetzt heißt das: Wer versucht, der bessere Rechtspopulist zu sein, treibt seine eigenen Wähler den Blauen in die Hände. Kurz hat erstmals gezeigt, dass dieser Satz gleichzeitig richtig und falsch sein kann. Unter ihm liefen die Wählerinnen und Wähler zum Schmied und zum Schmiedl.

Epilog

Selbst nach langer, intensiver Beschäftigung mit dem Phänomen Kurz bleibt verschwommen, wo die Kunstfigur Kurz endet und wo der Mensch Kurz beginnt. Aber eines ist klar: Jeder Mensch hat Licht und Schatten. So glatt und geradlinig, so unbeschädigt und ohne Rebellion oder gar Brüche, wie sich das Leben von Kurz präsentiert, so perfekt kann keine Biografie sein. Wofür Kurz politisch wirklich steht, darüber herrscht bis heute kein einheitliches Urteil. Für seine Wählerinnen und Wähler wie für seine professionellen Beobachterinnen und Beobachter gilt: Sie alle scheinen in ihm eine jeweils für sie passende Facette zu finden.

Kurz funktioniert als Projektionsfläche für seine Kritiker und Bewunderer gleichermaßen und erweckt die schillerndsten Assoziationen, vom »Entrümpler« (*Der Spiegel*) über den »Neofeschisten« (*Falter*) bis zum »Herzbuben« (*Süddeutsche Zeitung*). Nicht umsonst trat Kurz im Wahlkampf mit dem Slogan »Zeit für Veränderung« an und gewann gerade deswegen, weil er nicht konkretisierte, wie diese Veränderung genau ausschauen soll. »Das wundert wenig, denn nur als Leerformel konnte dieser Slogan reüssieren«, schreibt der Philosoph Konrad Paul Liessmann in der *Neuen Zürcher Zeitung*.

Diese Beliebigkeit macht Kurz nicht nur schwer greifbar, sondern auch schwer angreifbar. Wie in einem Kostüm-Bühnenstück wechselt er seine Garderobe, kaum hat er den

Szenenapplaus hinter sich. Kurz war schon vieles. Für die SPÖ ist er eine Marionette des Großkapitals und der Wirtschaftseliten, die ein altes Produkt (die ÖVP) nur türkis angestrichen hat und als neu verkauft. Sie ist überzeugt, dass er als Kanzler neokonservative Politik machen und an die Zeit der schwarzblauen Wenderegierung von 2000 bis 2006 anknüpfen wird. Die FPÖ wiederum sieht in ihm eine Art »Kopiermaschine«, die sich ihre Ideen geklaut hat und mit freundlicherem Antlitz – aus ihrer Sicht – leider besser verkauft als ihr Original, FPÖ-Chef Heinz-Christian Strache.

Wer Kurz polithistorisch einzuordnen versucht, landet recht schnell beim ehemaligen FPÖ-Chef Jörg Haider (1950–2008), dem Urvater des österreichischen und wahrscheinlich auch europäischen Rechtspopulismus nach 1945. Armin Thurnher, Herausgeber der linksliberalen Wochenzeitung *Falter*, nannte Kurz deshalb einen »Neofeschisten«, eine Art Weiterentwicklung Haiders und dessen einstiger körperbetonter, autoritärer Politik, die sich im Gegensatz zu den »abgeschlafften Körpern« der »alten Säcke«, der ermüdeten, rot-schwarzen Funktionärselite positionierte. Die Anspielung auf den Begriff »Neofaschismus« ist miteinkalkuliert, weil hinter dem politischen Körperkult des »Feschismus« aus Thurnhers Sicht ein antidemokratisches Programm steht. »Die Feschisten zielen darauf, diese demokratisch verfasste Politik durch eine akklamative Politik des augenscheinlich Besseren, Tüchtigeren, Fitteren zu ersetzen. Ihr Ziel ist nicht die Erneuerung, sondern die Abschaffung der repräsentativen Demokratie. Es gilt nicht mehr der Ausgleich von Interessen zugunsten der Schwächeren, der anderen, der Fremden, es soll das Diktat des Siegers gelten«, erklärt Thurnher seine – durchaus umstrittene – Wortschöpfung »Neofeschismus«.

Der späte Außenminister und Wahlkämpfer Sebastian Kurz trägt nach Thurnhers Definition eindeutig neofeschistische Züge. Genauso, wie er sich rechtspopulistischer Methoden bedient. »Kurz hat von den Populisten gelernt«, sagt der Populismus-Experte Walter Ötsch. »Er inszeniert sich pompös wie Donald Trump (die Eröffnung seines Wahlkampfs am 24. September 2017 in der Wiener Stadthalle), schürt Ängste gegen Flüchtlinge (und gegen die Hauptstadt Wien), bedient sich schrill des Boulevards, verwendet eine inhaltsleere Änderungsrhetorik und stellt sich in der Flüchtlingsfrage auf Seiten von Viktor Orbán (zu dessen Einschränkungen der Demokratie findet er keine kritischen Worte).«

Trotzdem ist Kurz kein Rechtspopulist klassischen Zuschnitts. »Kurz ist kein Demagoge in dem Sinn, dass er ›das Volk‹ gegen eine ›korrupte Elite‹ kämpfen lässt. Aber die Übernahme fast aller Positionen der FPÖ im Wahlkampf-Hauptthema Migration zeigt einen bedenklichen Schwenk der ÖVP. Denn die konservativen Eliten entscheiden in der Regel darüber, wie stark Rechtspopulisten werden können«, urteilt Ötsch. Deswegen kann man Kurz auch nicht mit Frankreichs Präsident Emmanuel Macron vergleichen, wie es anfangs gerne geschah. Macron hat dem Rechtspopulismus in Frankreich ein eigenes, proeuropäisches Programm entgegengesetzt. »Kurz hat sich der Stimmung im Land perfekt angepasst – mit einer Mischung aus aggressivem Rechtskonservatismus und durch Übernahme von Rechtspopulismus ins eigene Programm«, sagt der deutsche Politologe Herfried Münkler in einem Interview mit dem *Falter*. Daher passt der Vergleich schon eher mit Ungarns Premier Viktor Orbán.

Eines kann Sebastian Kurz, bei aller schillernden Beliebigkeit, nicht verhehlen: Er ist, schon rein aus seiner Biografie heraus, ein Kind des Neoliberalismus und aufgrund seiner Karriere ein Produkt seiner Partei, der ÖVP. Anpassung statt Protest, Leistung statt Provokation sind seine Leitplanken. Aber innerhalb dieses Spektrums ist er maximal beweglich. »Ideologisch ist Kurz noch nie aufgefallen, schon in seiner Zeit als Nachwuchspolitiker nicht.« »Er sieht sich jenseits von links und rechts, er denkt in Best-Practice-Kategorien.« »Beliebigkeit, mehr nicht.« Das sind die Aussagen von

Beobachtern quer durch die Jahre, die mit ihm zu tun hatten. Durchgängig ist bei Kurz nur sein Zug zur Macht, wenn auch sorgfältig kaschiert, sein Fleiß, seine Voraussicht und seine Vorsicht sowie die Fertigkeit, sein jeweiliges Image total unter Kontrolle zu halten.

Die Philosophin Isolde Charim sieht in Kurz' Erscheinung – jung, schlank, akkurat gegelte Haare, enge Anzüge – sogar den »Inbegriff davon, wie sich neoliberaler Erfolg definiert. Kein Tabubrecher, sondern vielmehr ein Oberkonformist. Keiner, der die Ordnung stört, sondern einer, der sie übererfüllt. Kein Messias, sondern vielmehr die Verkörperung des neoliberalen Ideals.« Kurz stehe nicht für die »martialische Körperlichkeit« eines Jörg Haider, sondern für eine postheroische Körperlichkeit. »Ihr Programm ist nicht Gewalt, sondern das des optimierten Einzelnen, losgelöst von allen Institutionen«, schreibt Charim in einem Essay für die *Wiener Zeitung*. Kurz, der Sportler, der im Stehen arbeitet, weder Tee noch Kaffee trinkt und stets wie frisch gebügelt erscheint, sei eine Art Messias der Postdemokratie, »also einer formell demokratischen Fassade für Lobbyinteressen«.

Wer Kurz' Karriere aus feministischer Sicht analysiert, stellt fest, dass er niemals die gleiche Karriere in der ÖVP hätte hinlegen können, wäre er eine Frau Anfang dreißig gewesen. Eine bürgerliche Nachwuchspolitikerin wäre sehr bald dafür kritisiert worden, dass sie zu sehr auf den Rat älterer Parteikollegen hört, sich ihnen als gelehrige Schülerin andient und ihre Jugend als politisches Kapital einsetzt. Sebastian Kurz hat auf seinem Weg an die Macht viele Verhaltensweisen an den Tag gelegt, die immer noch als klassisch weiblich gelten. Höflich, lieb, brav und harmonisch sein, intensiv netzwerken, nicht anecken, alle einbinden und mitnehmen, niemanden am Weg zurücklassen oder gar »erledigen«, die eigenen Ambitionen nicht zu sehr in den Vordergrund spielen, sich mächtige, ältere Mentoren suchen, die einen gleichzeitig beschützen und fördern. Seine Strategie ging auf, weil sich ein junger Mann solches Karriereverhalten leisten kann. Eine junge Frau nicht.

Die Kunstfigur Kurz ist äußerst zeitgeistig. Als es opportun war, Österreich stärker als Einwanderungsland zu positionieren, übernahm Kurz diese anspruchsvolle Aufgabe mit Bravour. Als sich im Laufe des Jahres 2015 die große reaktionäre Wende bei den Themen Migration und Flucht abzeichnete, schaltete er ohne Skrupel und Zweifel um auf Mister Sicherheit. Kurz ist deswegen auch zuzutrauen, dass er sich in den nächsten Jahren, wenn die Konjunktur anhält und der Staatshaushalt es zulässt, als mitfühlender Konservativer in christlich-sozialer Tradition neu erfindet. Genauso gut könnte er den Law-and-Order-Kanzler einer schwarz-blauen Regierung geben. All diese Rollen sind in ihm angelegt.

Die Suche nach dem Originären, Neuen und Progressiven, für das der Regierungspolitiker Sebastian Kurz später einmal im Spiegel der Zeitgeschichte stehen könnte, führt derzeit noch ins Leere. Vielleicht ist das am Ende das Charakteristischste an ihm.

Danksagung

Dieses Buch wäre ohne die vielen Gesprächspartner aus Politik, Medien, Gesellschaft, Wissenschaft, Wirtschaft und Kultur, die mit uns ihre schönen wie weniger schönen Erinnerungen, Einschätzungen und Erlebnisse mit Sebastian Kurz geteilt haben, nie entstanden. Wir bedanken uns für ihr Vertrauen und ihre Offenheit.

Ein kollegiales Dankeschön geht an unsere Kolleginnen und Kollegen beim *Falter*, besonders an Herausgeber Armin Thurnher, Chefredakteur Florian Klenk und Wirtschaftsressortleiter Josef Redl. Viele Beobachtungen, Kommentare und Texte, die sie und wir im Rahmen unserer Tätigkeit für den *Falter* in den letzten Jahren publiziert haben, sind in dieses Buch eingeflossen.

Wir zitieren in diesem Buch viele hervorragende Artikel, Kommentare und Interviews, die deutsche und österreichische Kollegen in den vergangenen Jahren über Sebastian Kurz und sein Umfeld geschrieben haben. Sie haben uns bei der Einordnung des noch jungen politischen Phänomens Kurz sehr geholfen. Danke auch an Walter Ötsch und Oliver Rathkolb für viele spannende Anregungen und Gedanken.

Den größten Dank haben jene Menschen verdient, die uns in den Stunden des Konzipierens und Schreibens Zeit, Ruhe, Verständnis und ein warmes Abendessen geschenkt haben: Bruno, Joschka und Jon sowie Traude und Fred Horaczek, Fanny, Jasper, Peter und Zora.

Personenregister

Ashton, Catherine   90
Aslan, Ednan   98 f.

Biffl, Gudrun   71
Blümel, Gernot   24, 26, 81
Blumenau, Martin   68
Brandstetter, Wolfgang   89, 111
Brandt, Willy   87
Busek, Erhard   110

Charim, Isolde   124
Corn, Heribert   68
Czernohorszky, Jürgen   64

Duzdar, Muna   111

Engelberg, Martin   32
Eppinger, Peter L.   14, 37
Erdoğan, Recep Tayyip   100

Fassmann, Heinz   71, 99
Faymann, Werner   22
Fechter, Herbert   91
Fekter, Maria   60, 69, 71
Fichtinger, Edwin   56
Figl, Markus   55
Fischer, Heinz   65, 91
Fleischmann, Gerald   23, 26 f., 68, 115
Fuhrmann, Silvia   57

Glawischnig, Eva   69
Grissemann, Christoph   69
Griss, Irmgard   34 f., 108
Groër, Hans Hermann   47

Großbauer, Maria   32
Grünberg, Kira   32

Haider, Jörg   70, 117 f., 122, 124
Haslauer, Wilfried   18
Häupl, Michael   45, 63

Janda, Alexander   81
Janko, Andreas   74
Jia, Liu   73

Kaltenegger, Fritz   30, 66
Kapp, Daniel   74, 115
Karas, Othmar   88
Karmasin, Sophie   111
Kern, Christian   17, 21 f., 28, 31, 34 ff.,
    94, 107 ff., 117 ff.
Kern, Niko   114
Kerry, John   90
Keynes, John   16
Khol, Andreas   82
Kiesbauer, Arabella   72
Klaus, Josef   16
Klenk, Florian   126
Konrad, Christian   94
Köstinger, Elisabeth   18, 26 f.
Kreisky, Bruno   16, 87, 105
Kücükgöl, Dudu   100 f.
Kurz, Elisabeth   42 f.
Kurz, Johann   47
Kurz, Josef   42 f., 46, 49

Lauder, Ronald S.   78 f.
Lawrow, Sergej   86

Lefebre, Jim 114
Leitner, Tarek 36
Liessmann, Konrad Paul 121

Macron, Emmanuel 7, 19, 22, 32 f., 123
Maderthaner, Philipp 25 ff., 52
Maier, Ferdinand »Ferry« 94
Marek, Christine 62
Melchior, Axel 26 f., 58
Merkel, Angela 7, 22, 89 f., 92 f.
Mikl-Leitner, Johanna 65 f., 72, 92, 114
Mitterlehner, Reinhold 17, 28, 36, 70, 89, 94, 103, 106 ff.
Molterer, Wilhelm 17, 58, 106
Moretti, Tobias 109
Mozart, Wolfgang Amadeus 13
Münkler, Herfried 92, 123
Münz, Rainer 71

Neubauer, Martin 56
Neumann, Peter 90
Neuwirth, Erich 33
Nödl, Maria Magdalena 42
Nowak, Rainer 91

Obama, Barack 25
Ofner, Günther 109
Orbán, Viktor 20, 97, 123
Osten, Olaf 87
Ötsch, Walter 123, 126

Palladio, Andrea 13
Palme, Olof 87
Pasquali, Johannes 44
Pierer, Stefan 33, 109
Pilz, Peter 34, 59
Plassnik, Ursula 59
Primschitz, Johann 59
Prior, Thomas 91
Pröll, Erwin 27, 47
Pröll, Josef 17, 27, 29, 31, 52, 60, 66, 73
Proust, Marcel 8

Rahimi, Ali 73
Rathkolb, Oliver 126
Rauch-Kallat, Maria 59
Rausch, Bettina 58
Rausch, Kristina 58
Redl, Josef 126
Reinfeldt, Fredrik 30
Riegler, Josef 29

Rohrer, Anneliese 83
Rosenberger, Sieglinde 76, 78
Rupprechter, Andrä 111

Schaller, Heinrich 109
Scholik, Eva 61
Schönborn, Christoph 91
Schröder, Gerhard 26
Schüssel, Wolfgang 11, 16, 28, 37, 53 ff., 57 f., 82, 105
Schwarzenberg, Karl 30
Silberstein, Tal 21, 107
Sobotka, Wolfgang 94, 107, 111, 113 f.
Sommer, Franz 107
Spindelegger, Michael 17, 64 ff., 82 f., 86
Steiner, Stefan 26 f., 34, 68
Steinmeier, Frank-Walter 86 f.
Stermann, Dirk 69
Stöckl, Claudia 67
Stöger, Alois 88
Strache, Heinz-Christian 13 f., 32, 35 f., 52, 97, 118, 122
Strolz, Matthias 34

Taschner, Rudolf 32
Taus, Josef 29
Tesselaar, Milo 34
Thier, Susanne 44 f.
Thierry, Feri 34
Thurnher, Armin 122, 126
Töchterle, Karlheinz 65
Treichl, Andreas 109
Trudeau, Justin 7
Trump, Donald 123

Ultsch, Christian 91

Van der Bellen, Alexander 28, 111
Vastić, Ivica 72
Vertlib, Vladimir 22
Vranitzky, Franz 118

Westenthaler, Peter 71
Williams, Pharrell 37
Wodak, Ruth 71
Wolf, Armin 20
Wolf-Maier, Franz 81
Wurm, Erwin 109

Zarif, Mohammed Javad 90
Zimmermann, Josef 49